QBQ!

问题背后的问题II

提高个人责任意识

FLIPPING THE SWITCH

Unleash the Power of Personal Accountability Using the QBQ!™

[美] 约翰·G. 米勒（John G. Miller）著

付豫波 译

電子工業出版社
Publishing House of Electronics Industry
北京·BEIJING

图书在版编目（CIP）数据

QBQ！问题背后的问题. II，提高个人责任意识 /（美）约翰·G.米勒（John G. Miller）著；付豫波译. —北京：电子工业出版社，2018.7（2025. 9 重印）
书名原文：Flipping the Switch: Unleash the Power of Personal Accountability Using the QBQ!TM
ISBN 978-7-121-34742-9

Ⅰ. ①Q…　Ⅱ. ①约…　②付…　Ⅲ. ①企业管理　Ⅳ. ①F272

中国版本图书馆 CIP 数据核字(2018)第 157984 号

责任编辑：刘露明
文字编辑：卢小雷
印　　刷：河北虎彩印刷有限公司
装　　订：河北虎彩印刷有限公司
出版发行：电子工业出版社
北京市海淀区万寿路 173 信箱　　邮编 100036
开　　本：880×1230　1/32　印张：4.875　字数：88 千字
版　　次：2018 年 7 月第 1 版
印　　次：2025 年 9 月第 14 次印刷
定　　价：38.00 元

凡所购买电子工业出版社图书有缺损问题，请向购买书店调换。若书店售缺，请与本社发行部联系，联系及邮购电话：（010）88254888，88258888。
质量投诉请发邮件至 zlts@phei.com.cn，盗版侵权举报请发邮件至 dbqq@phei.com.cn。
本书咨询联系方式：（010）88254199，sjb@phei.com.cn。

失败者为失败找理由，成功者为成功找方法

多普达通讯有限公司前总裁兼 CEO　李绍唐

2004 年，在《QBQ！问题背后的问题》出版发行后的第一时间，我就读完了该书。读后感触很深刻，并且经常向朋友推荐这本好书。大家都一致推崇 QBQ 的正面态度与观念。在电子工业出版社希望转载我为《QBQ！问题背后的问题》的后续实践版——《QBQ!问题背后的问题Ⅱ》所撰写的推荐文时，我便欣然答应，并乐意一同与读者分享关于 QBQ 的个人观点。

在社会上，遇事推诿、没有个人责任意识的人并不少见，抱怨别人一无是处的人也不稀奇，不知上进不肯学习的人比

比皆是。但是，要找一个肯吃苦耐劳、肯学习又认真负责，还具有创意，并凡事以服务为中心的人却少之又少！

要做一个混同一般的人是很容易的，但要做一个与众不同的人，其实也并不难，就是观念转个弯，态度调整一下。

出了校门，不再有人在你身旁耳提面命：态度应该这样，事情应该那样。进入社会，不再有人拿出十足的耐心教你做功课，给你宽裕的时间学习。一切都得自己对自己负责，就像一艘从未出过港的新船，要自己去游历汪洋大海。

经过多年的社会历练，我个人认为凡事在于“态度”。当一个人的态度出现差池，哪怕他再杰出，都有不为人认可的部分。虽然说 QBQ 是一套关于处世的工具法则，但是书中更强调 QBQ 的优势实践原则就是“态度”。态度摆正了，可说是成功者为成功找方法；态度不正确，就叫作失败者为失败找理由。

由于个人工作上的历练，在日常生活中，习惯对问题采取直接的“切片处理”。什么是“切片”呢？就是单刀直入，直接洞察问题。一个被自己定义成问题的问题，当然不能视而不见、听而不闻、思而不考，除非那是别人的问题，那就省着点，别管。话说回来，真正要严加管教的问题是关于自己。

要是自己能管的问题，不就不是问题了吗？我们总是把全部的力气用在对付别人身上，也许从未试过“想办法对付自己”这个方式。当你把所有的力气花在别人身上时，你会发现，问题总是永无止境。如果你换个角度，把力气用在对付自己的缺点上、用在自我提升上，顿时所有的问题都不再是问题，因为你将变成一个消融问题的人，而不是穷于应付问题的人。

我在外商公司工作的24个年头里，心中酝酿出一把尺，这把尺可以标示成功、失败，可以度量优秀、平庸。我发觉常见的工作态度有下列三种：

第一种，永远以个人利益为前提，脱开个人利益范围他漠不关心。这种工作者往往将自己导向失败。

第二种，以部门利益为重心，凡是对他的部门有益处的，他举双手赞成；反之，他事不关己，高高挂起。这种工作者通常有相当大的门户之见，遇到横向沟通时便会出现各种问题。

第三种，以公司的利益为使命，懂得识大体，秉持这种大格局的工作态度，通常是公司最优秀的成员，也是可以担大任的精英。

话说我个人的亲身经验，当年，我刚到上海的时候，想要买个日本进口的热水瓶，于是我就近到淮海路的一家百货公司去寻找。我接连问了三位售货员，他们都告诉我：“不知道。”我又继续去问第四位售货员，最后他才告诉我：“我们这里卖的都是国产品，你要买进口的热水瓶，应该到淮海中路的某家百货公司去。”这下我才豁然开朗，并且牢牢记住了这位售货员，心想下次要购买国产品的时候，一定会来找他。

这个故事虽小，却印证了 QBQ 的精神。前三位售货员的服务态度就是标准的不管、不理、不说，第四位才真正懂得了服务的精髓，实践了 QBQ 的原则。

在科技发达且各行各业进步神速的今天，服务品质和工作态度更应该加紧脚步跟上时代。在《QBQ!问题背后的问题II》一书中，清楚地指出：个人要在生命过程中创造出自己的优势，只要确实掌握“学习、负责、创意、服务、信任”的五项原则，必定能为自己交出一张亮眼的“人生成绩单”。我相信！你呢？何不试试呢！

QBQ

出版者的话

行动决定一切！

在《QBQ!问题背后的问题Ⅱ》修订出版前夕，我再一次仔细重读了《QBQ！问题背后的问题》。该书的魅力在于，每读一次，都会有不同的认识。

在《QBQ！问题背后的问题》中，作者米勒指出，对于我们工作中经常听到的以下问题：

- 这不是我的错。
- 这不是我分内的事。
- 谁来为这件事负责？
- 他们怎么没有事先沟通好？
- 他们什么时候才能做好他们分内的事？
- 谁能够解决这个问题？
- 这个问题等会儿再说。

- 什么时候我才能找到好的人才？

……

其问题背后的问题，就是个人责任意识的缺乏，并由此导致了推诿、抱怨、拖延、执行不力，成为社会的一大流行病，成为阻碍组织或个人达到目标、实现愿景、在市场竞争中取胜的重要因素。

米勒指出，要提高个人责任意识，首先就是不要再问以上这些“坏”问题，而是首先要问：

- 我如何能够改变现状？
- 我能为此做些什么？
- 我应该如何做得不同寻常？

这样一些有助于解决矛盾、改变现状的“好”问题，从自身做起，切实提高个人责任意识，这就是 QBQ 的原则。

自《QBQ！问题背后的问题》出版以后，全世界已经有超过 100 万人通过实践 QBQ 的原则，提升了工作绩效，改善了个人生活。

在最新出版的《QBQ!问题背后的问题Ⅱ》中，米勒将实践 QBQ 原则的行动方案进一步提升为：

以正确的方法、明确的行动，确实去做必须做的事。

- 我所面对的问题或状况是什么？
- 我自己对这个问题的看法如何？
- 问题是怎么发生的？
- 面对这个问题，我对自己说了什么？

- 我认为更务实、理性、建设性的处理方法是什么？
- 我期待什么样的结果？写下明确、可测量、行动导向、务实、有时间限定的目标。
- 我该如何将秉承个人责任的原则付诸行动？

作者所说的正确方法，就是本书的核心——获得 QBQ 优势的五项原则：

学习、负责、创意、服务、信任

哲学家笛卡儿说：“我解决的每个问题，都成了一个模式，我以后用它来解决其他问题。”尽管改变要从思考模式的转变开始，但了解了模式，知道了方法之后，实践就是决定一切的重要因素。

本书以生动鲜活的日常工作中的例子，诠释了能够切实行动起来，实践 QBQ 原则，提高个人责任意识的方法与工具，附录中的 29 个 QBQ 问题，还为读者提供了如何将优势实践原则转化为实际效果的行动指南。

推荐所有人都学习一下本书，希望你也能由此获得 QBQ 的优势：

问题得到解决，部门壁垒被打破，服务质量得到改善，团队士气高涨，人员不断成长并从容面对与适应变化，个人生活得到改善，心情愉悦，具有成就感。

这也是我们大家共同的心愿！

QBQ 如何为企业带来价值

当一个人开始问 QBQ 的好问题，不再问坏问题的时候，也就成功避开了抱怨、受害者思维、拖延、推诿、指责等阻碍组织卓越的陷阱。而这种转变所带来的变化，包括生产力得以提高、团队更加合作、员工士气高昂、富有创意并获得安全感、良好的沟通得以建立、问题得到解决，等等。越快地采用 QBQ 进行改变的人，在今天的市场环境中就越有竞争力。

尽管 QBQ 是针对个人想法改变而设计的工具，但其实团队获得的益处更大。QBQ 所明确的个人责任意识，是组织达成卓越的基础。无论是客户服务、销售、管理、创新、变革，还是其他任何方面的工作，提高个人责任意识都是必须的。

QBQ 完全基于实践，没有时间限制，不分行业，可以普遍地为各种行业、各类人群、各个层级的员工所采用。从高科技公司到社区街道，从政府到学校，从 CEO 到生产线工人……

希望将个人责任意识、主人翁精神、勇于担当作为企业核心价值观吗？希望团队成员更加敬业吗？希望管理更加有效吗？希望员工更富有创新精神、具有更高的生产力吗？希望团队更加团结合作吗？希望组织沟通更加清晰顺畅吗？那么，马上着手开始 QBQ 的实践吧！

目 录

1

获得QBQ优势的实践原则

QBQ

首先，请看以下的故事。

我亲身体验到了个人责任的影响力有多大。最近，我收到新主管给我的第一次年终评核。我们的机构是一家大型金融保险公司，员工可能达到的最高绩效考核等级是“优”。我的主管一开场就对我说，15 年来，他从不曾给任何人“优”，“但是你的表现实在太亮眼了，所以我今年要给你评为‘优’，我希望能有十几个像你这样的部属！”

此外，他还写了评语：“始终专心处理问题，设法改善现状。很少批评其他人的表现，而是努力改善部门内的沟通、了解状况，并且增强个人能力。”

我真的不知道该说什么，但在那时候，我才明白《QBQ！问题背后的问题》这本书对我的帮助有多大。

开始接任新职位的时候，我刚好读到本书，它立刻引起我心底的共鸣。我将书里的训诫铭记在心，随时提醒自己如何问出更恰当的问题，改善眼前的状况。受到挫折的时候，QBQ 协助我重新引导自己的情绪，转向出力贡献而不是出言抱怨——找出自己可以出力的部分，随即采取行动。这让我更有干劲。一年后的现在，主管对我的努力赞誉有加。这种感觉真是太美妙了！

这个故事是比尔提供的，他是某大型保险公司的中级主管，也是《QBQ！问题背后的问题》的读者，QBQ 的成功实践者。

在看到非常多的像比尔这样的例子之后，我逐渐体会到，运用 QBQ 并且实践个人责任的人，比起不这么做的人更有机会成功。我认为这是一种“QBQ 优势”。虽然比尔的例子主要是在职场上取得优势，其实，在我们人生中的每个方面，QBQ 和个人责任都能带来类似的优势。

运用 QBQ 并且实践个人责任的人，比起不这么做的人更有机会成功，这就是“QBQ 优势”。

比尔的例子也说明，人的潜能就像被一个开关控制一样，只要能够“打开开关”，就会释放出不可思议的力量。通过 QBQ 和个人责任成功实践者的大量例子，我们可以确认，人生潜能的开关就是——以 QBQ 的方式问问题，换句话说就是问“问题背后的问题”。

在这本书中，我们将会探讨获得 QBQ 优势的五项实践原则，也就是引导我们行为准则的最基本概念或价值观。这五个获得 QBQ 优势的实践原则就是：

- 学习
- 负责
- 创意
- 服务
- 信任

当然，这些原则并不是什么新道理，大家也都知道实践这些原则可以改善人生。大家比较陌生的，也是我们在本书中将要探讨的，即个人责任与 QBQ 和以上五项原则之间的关系。我们将会说明，想要在生活中获得 QBQ 优势，首先需要自我实践这些原则，“运用 QBQ 并且践行个人责任”可能是最有效地获得 QBQ 优势的策略。

但是，问“问题背后的问题”为什么会像打开潜能开关一样呢？请想象一下，当你打开电灯开关的时候会发生什么情形。这实在太寻常了，你大概连想都没想过：打开开关的时候，你就会解除障碍，释放出一种电子的流动（称为“电流”）。这种流动的能量会在一瞬间抵达灯泡，让它亮起来。虽然灯泡是由电流点亮的，但打开开关才是最基本的第一步。

打开人生潜能的开关，意思就是问“问题背后的问题”。

同样，问“问题背后的问题”也是获得 QBQ 优势所不可或缺的第一步。

个人责任是推动获得 QBQ 优势的力量，但 QBQ 是真正促使我们采取有责任的想法和做法的开关。就像我们关掉开关灯泡立刻就会熄灭一样，我们一旦失去责任意识，抱着指责、抱怨、受害者的想法，或是行动拖延，那么我们也就同时停止了学习，推卸了责任，不再采取有创意的行动，并拒绝为他人服务。而且，我们刚刚和别人建立起来的信任，也很快消失不见了。

因此，要获得能够使我们的人生改观的 QBQ 优势，就需要自觉地提高个人责任意识，不断实践获得 QBQ 优势的五大原则——学习、负责、创意、服务及信任。而 QBQ 刚好可以帮助我们做到这一点。

单纯阅读关于个人责任的书籍，并不能获得 QBQ 优势，个人责任完全是行动，每天无时无刻都需要你做出更妥善的选择，并立刻付诸实践。

在本书中，我们会听到许多人的故事，像比尔这样实现了 QBQ 优势，感受到个人责任让人生改观的经验。但是，除非我们自己也采取类似的行动，否则你不会看到自己的人生有多少改变。

所以，让我们立刻开始行动起来吧！在你阅读本书的同时，不断地问自己："我该如何将这些概念实际运用在我的工作上和家庭中呢？"这样可以帮助你将个人责任的力量释放出来，实现获得 QBQ 优势的第一步。

> 要获得能够使我们的人生改观的 QBQ 优势，就需要自觉地提高个人责任意识，不断实践获得 QBQ 优势的五大原则——学习、负责、创意、服务及信任。

读后感

2

问更好的问题

QBQ

开始讨论第一个优势实践原则之前，让我们先简略讲解一下 QBQ，一方面为没有读过《QBQ！问题背后的问题》的人做个简单介绍，一方面也为读过的人做个回顾。毕竟，重复是学习的发动机！

QBQ 代表“问题背后的问题”，其核心的含义是——在面对问题或挫折的第一时间，我们的心里往往会立刻充满像“这种事为什么会发生在我身上？”及“其他人什么时候才会把事情做对？”等“不好的问题”或“坏问题”。事实上，你有这些问题很自然，也是可以理解的，但这些问题把焦点放在除了提出问题的人之外的每件事和每个人上，这就展现出缺乏个人责任意识了。

当我们冷静下来，仔细看看这些最先浮现的问题，就会发现，这些“坏问题”的背后其实有更好的问题，也就是 QBQ，例如“我能做什么？”及“我该如何贡献自己的力量？”等。问这些问题，就会把焦点转回到我们自己身上，做我们可以改变现状的事。再怎么用语言叙述几乎都无法形容，这种简单的焦点的改变可能为我们的人生带来多么大的积极而正面的影响！

为了更清楚地了解 QBQ 的意义和力量，我们就从定义开始。然后，我们会简要探讨这个定义中所包含的几个关键字。

QBQ 是一种工具，用来协助各层级的领导者及员工实践个人责任。它的方式是通过提出更好的问题，从而做出更好的抉择。

一种实用的工具

工具是某种我们可以用来帮助自己在遇到问题时表现得更好的东西。许多组织浪费几亿美元在所谓的工具上，而那些其实只是些激励的课程、陈词滥调，以及听起来很响亮却只是一时流行的概念。我们参加会议、工作坊，听到讲师充满激情的讲解，我们觉得充满了勇气，但是，等到我们回到现实，面对工作的时候，我们会碰到所谓“现实之墙”，原来充满的勇气与激情，似乎对我们的实际工作没有促进。我们会想，刚才上课时学到的工具虽然很好，但用在现实世界却行不通。换句话说，就是不实用。一样东西如果不实用，就不能算是工具。

QBQ 不一样，不但实用，而且有效。有效的关键就在于具有三个很容易运用的指导原则，告诉我们如何提出有效的问题：

1. QBQ 往往是含有“什么”或“该如何”的问句，而不是含有“为什么”“什么时候”或“谁”的问句。
   - “为什么”的问题会导致抱怨及成为受害者的想法，例如：“这种倒霉事为什么会发生在我身上？”
   - “什么时候”的问题会导致拖延，例如：“他们什么时候才会回复我？”
   - “谁”的问题会导致指责，例如：“是谁搞砸的？”
2. QBQ 的主词是“我”，不是“他们”“你们”或“我们”，因为我能改变的只有“我”自己而已。
3. QBQ 把焦点放在行动上。

行动代表一切。在提出了 QBQ 问题之后，需要立刻付诸行动，才可能获得由此而带来的 QBQ 优势。

一个务必牢记的重点就是，即使运用上述的 QBQ 指导原则，仍然有可能产生很糟糕的问题。例如：

- “我能如何避开这件事的责任？”
- “我此刻能采取什么行动来阻碍团队？”

这些问题表面上的确符合 QBQ 指导原则，但当然不是有建设性的问题。

帮助我们成为领导者

在我们工作和生活中的各个层级，都有领导者。这里的“领导者”的概念与我们的头衔、职位、任期或“控制权”无关，完全不是我们想象中的那样。只要是真正认真负责、具有个人责任感并愿意行动的人，QBQ 就能帮助你像领导者那样思考和行动，成为工作中及我们自己人生的真正的“领导者”。

使提高个人责任成为现实

个人责任是为了要消除指责、抱怨及拖延的情形。当我们指责别人，寻找“凶手”的时候，当我们哀叹自己目前的处境及别人对我们做了什么的时候，还有我们迟迟不肯贡献自己的心力，等待别人先采取行动的时候，我们都没有将个人责任付诸行动，是一种缺乏个人责任的表现。

大家都一致认为提高个人责任非常必要，但我们如何才能提高并具有个人责任意识，且付诸行动呢？

QBQ 解决了这个问题，因为它让我们将对于提高个人责任的希望转化成现实，并能够获得持之以恒的改变——工作环境的改变、人际关系的改变、工作绩效的改变、生活质量的改变……

实践个人责任的最佳方法是：
先转变自己的想法，
接着问比较好的问题，
最后付诸行动。

提出更好的问题，从而解决问题

QBQ 的根本概念就是：

答案就在问题之中。

如果我们能提出更好的问题，往往就会得到更好的答案。QBQ 的指导原则告诉我们如何提出更好的问题，以及应该避免哪些问题。此外，我们也务必记得，这些是我们要问自己（而不是问别人）的问题。

QBQ 主要是一种自我管理的工具，其目的是协助我们重新架构我们自己的想法。

通过 QBQ，做出最好的选择

我们每天都有数不尽的机会可以做选择，而我们也时刻都在做着选择，选择我们下一步的行动是什么。

改变的绝佳机会，就存在于这些选择的时刻当中。为我们自己的想法负责，可能会真正改变我们的人生。QBQ 可以帮助我们思考，帮助我们对下一个行动做出最好的选择，从而使我们的工作和生活持续地改变。

> QBQ 让我们将提高个人责任的希望转化成现实，并能够获得持之以恒的改变——工作环境的改变、人际关系的改变、工作绩效的改变、生活质量的改变……

QBQ 与坏问题的比较

不正确的问题（坏问题），通常是导致受害者心态、拖延及指责的一些“为什么”“什么时候”“谁”的问题。

将 QBQ 与坏问题做个对比，是学习如何将 QBQ 付诸行动的绝佳方法。我们现在就来看看以下 QBQ 的好问题与坏问题之间有什么不同。

销售状况不佳

坏问题：“我什么时候才能时来运转呢？”

QBQ：“我该如何做，才会更了解顾客？”

别人升职加薪，却没轮到你

坏问题：“我为什么这么倒霉？”

QBQ：“以我目前的工作而言，我能做什么才有优异的表现？”

自己孩子的学习成绩不好

坏问题：“学校为什么不能更负责一些？”

QBQ：“我该如何帮助孩子成功？”

你的部属没把工作按时完成

坏问题：“他们为什么不积极主动一点？”

QBQ：“我该如何改善自己的教导方法？”

发生错误事件

坏问题："是谁搞砸的？"

QBQ："我能做些什么来帮忙解决这个问题？"

关于 QBQ 的完整探讨，我鼓励大家阅读《QBQ！问题背后的问题》（中文简体字版已由电子工业出版社出版）。

在我们正式进入第一个优势实践原则之前，请花一点时间逐项复习坏问题与 QBQ 的比较。思考你要如何做出更好的选择，以及提出更好的问题。

想一想，消除指责、抱怨、受害者心态及拖延，将会带来什么影响。想象一下 QBQ 将会为你的人生带来的改变，无论是工作还是生活。

> 借由提出更好的问题，立刻做出更好的选择。

优势实践原则一
——学习

Advantage Principle One · **Learning**

3

学习的愿景

QBQ

许多年前，我到一家旅游公司演讲，演讲结束之后，有个名叫大卫的年轻人走到我面前，问："米勒先生，请问您写过书吗？"

当时我还没写书，于是我说："还没，但也快了。为什么这样问？"

大卫回答："我在想，如果有什么方法可以进一步研习您的教材，我一定能运用得更好！"

虽然这是许多年前的对话，但我仍然记得。大卫认真学习的心态让我深受感动。我谢了谢他，还说等我第一本书出版时，会寄一本给他。

后来，我们换到另一个厅，举行公司的年度颁奖晚会。晚餐结束后，公司的 CEO 站了起来，开始表扬优秀员工的成就。他们一个个走上台接受表扬，一排面带微笑的成功者，沉浸在同事的掌声里。

终于，要宣布“年度最佳经纪人”了，受表扬的人不只必须创造优异的业绩，还必须展现出卓越的领导力。CEO 停顿了一下，故意制造悬疑的气氛。

大家屏住呼吸，紧张地等待着。等到 CEO 终于宣布姓名的时候，我们所有人都起立欢呼起来！

你猜对了，果然是大卫！

我没有证据，但我坚决相信，大卫的用心学习，以及他成为公司成就最高的员工之间必然有直接的关联。他的成功并不是由于幸运、学历、财产、家庭背景，或是因为人长得帅，而是他对于进一步学习的欲望，以及打从心眼里对真正不断学习、持续改变及成长的渴望。

在我们每个人的生活中，学习的心态都可能成为强有力的竞争优势。它可以增强我们的能力，协助我们适应变化、达到自己设定的目标，成为我们希望的模样，还有助于让我们的工作、团队及组织更具有创新能力，更有生产效率，也更有乐趣。

学习给我们带来了不曾有过的活力、热情及人生的乐趣，而这是停止学习（无论是为了什么原因）的人所缺乏的。

问坏问题的时候，我们并没有在学习：

- “什么时候才有人来培训指导我？”
- “我们为什么必须经历这一切的变动？”
- “我们什么时候才会获得新的知识？”
- “谁会为我们提供发展方向？”
- “别人为什么不能把工作做好？”

问 QBQ 的时候，我们却是在学习：

- “我该怎么做才能掌握新的技能？”
- “我该如何适应多变的环境？”
- “我该如何运用自己学到的知识？”
- “我该如何做才会更有生产效率？”
- “我该如何做才能有最佳的表现？”

我们要如何向大卫学习呢？那就是我们要学会问能够开启我们的心灵，并且协助我们欣然接受改变的 QBQ。这时候，我们就开始践行“学习”这一 QBQ 优势实践原则了！

读后感

4

学习的障碍

QBQ

如果我告诉你，我有个朋友，他从来不把他的垃圾拿出去扔掉，你会怎么想？他把垃圾存放在抽屉、塑料袋和纸箱里，说不定什么时候，他还会把垃圾倒出来，随意扔在地上，自己就在这样的垃圾堆里滚上好几小时。

我可以想象，你大概会说："什么？收集、储藏垃圾，还在垃圾堆里打滚！竟然会有人做这种傻事！"

我完全同意你的看法，但这里我所虚构的这个收集、储藏垃圾，时不时地还在垃圾堆里打滚的人，其实就是大部分的人整天在扮演的角色，只不过不是以上所描述的具体行为方式，而指的是我们的想法、我们的心态、我们思考问题的方式。

自 1986 年以来，我为各式各样的组织和团体上了数千小时的教练课程。在这段时间里，我逐渐体会到，我们每个人都紧抓着一些“垃圾”想法、概念及观点不放，封闭着我们的心灵，妨碍我们走上个人成功之路。

这种垃圾想法有很多呈现的方式，但往往可以分为五大类别（心态），我称之为“学习的障碍”。这些就是：

- 例外心态
- 负面预期心态
- 应得权利心态
- 经验陷阱
- 排斥心态

要在生活中发挥“学习”这一原则的优势，就必须先将这些障碍从原本的想法中排除。我们现在就来看看，QBQ 如何能协助我们做到这一点。

障碍一：例外心态

有一天晚上，我从圣路易斯市飞往堪萨斯市，大约一小时的航程。我用累积的里程数升级到头等舱。就座的时候，我向坐在旁边的先生微笑，简单打了声招呼，而他也以微笑响应。坐定之后，我注意到他的名牌袖扣、烫得笔挺的白衬衫、整套深色西装、褐红色领带，还有高档的皮鞋，我很快就知道身旁坐的是什么人物——高级经理人。

我们开始闲聊，我才知道他是一家《财富》100 公司的高级副总裁。我拿出一本《QBQ！问题背后的问题》送给他。他向我道谢，但说他晚一点有空再看，因为他必须准备明天的演示文稿。

然而，过了没多久，他打开书阅读起来了，而且非常认真地一直阅读到飞机降落。我心里挺高兴的，但我什么也没说，只是埋头看我手中的《今日美国》。

就在飞机驶近闸门的时候，他向我靠过来，指着书上的一句话。我看了一下，这句话是："提出 QBQ——**我**可以做什么？"然后他问："为什么不写'**我们**可以做什么？'"

"嗯，"我说，"这么多年来，我学到了我不可能改变'我们'，但我确实可以改变'我'。"

他严肃地点点头，沉默了片刻，然后说："你知道吗？我的老板需要读一读这本书！"

以后我每每想到这件事，都忍不住大笑。这真是例外心态的绝佳范例——这个有关提高个人责任的内容真的非常好，非常适合他，他，他……读一读，但当然不适用在我身上！

在这里，有个我们都应该牢牢记住的警言：

我们要教别人的事，往往首先是我们自己需要学习的。

这句话的真正含义就是：如果我们听到一个观念，立即想到真正需要这一观念的是其他人，这往往表示我们可能比他们更需要这个观念。

这可能是个很难接受的想法，但我发现，在我自己的生活中确实如此。

看着我们家里排行老四的孩子（女儿莫利），我总是忍不住纳闷，她为什么如此倔强和固执呢？不过我心里也会有所触动，回想一下，嗯，似乎也有人向我说过这些话呢？就在 30 年前、30 天前，甚至 30 分钟前。是的，我们教别人的事，往往是我们自己需要学习的。

不要让例外心态的障碍挡住你的路。当你想到，我真的知道有人需要听听这段话，这时候，你应该停下来想一想，能不能先应用在自己身上，问问这个 QBQ：“我该如何将这个想法运用在我的生活上？”

障碍二：负面预期心态

封闭的心灵很难有什么发展。

有一天，我隔着后院的篱笆和邻居讲话，他告诉我，最近忍受了他公司提供的三天教练课程，实在是“无聊、不管用、浪费时间”。不过，最让我深思的是他的评论：“我并不意外，我早就知道不可能有什么用处。”

我们想要寻找什么，通常就会发现什么。像“这不会有任何好处”之类的负面预期，可能就是自己最终会得到的负面结果。

如果你具有这些负面预期，就会妨碍你学习、成长，以及享受人生。就像我的邻居，即使根据他上次的经验，恐怕培训会很“无聊”，但不见得表示下次也会一样。

保持开放的心灵，随时准备学习。问个类似这样的QBQ：“今天我要如何得到最大的收获？”

障碍三：应得权利心态

我们的女儿塔拉（排行老二）12岁的时候，有一天，她一大早来找我，手上拿着一颗牙齿。我的第一个念头是：这种事什么时候才会结束？我的第二个念头是：塔拉，你是不是觉得牙齿是可回收的，打算卖给我吗？但我知道她要的是什么，我想逗逗她，于是我说：“好了，宝贝，你知道该怎么做。今天晚上，把那颗牙齿放在你的枕头底下，如果你运气好，牙仙可能会留点什么东西给你。”那个小丫头瞪着眼睛看了我一下，好像我做了什么天经地义该做而没做的事。然后，她伸长了手，说：“爸，别浪费我的时间！我很快就得出门。别闹了，给我一块钱吧！”

这就是应得权利的想法，虽然发生在塔拉身上很好玩，但我们的组织实在有太多这种事了。你可能会听到刚进公司业务生疏的新手说：“我已经来这里三个月了！什么时候才会得到第一次加薪？”你也可能听到老员工说：“我已经在这里 22 年了，所以我理应得到这些！”

听起来可能很刺耳，但我还是要老实说，如果有谁已经工作那么久，也领了 22 年的薪水，难道这个不是双方都同意的吗？别搞错我的意思！忠诚是一件好事，但我实在很难理解，为什么我们会觉得自己理应得到更多，或是不同的待遇，只因为我们待的时间很长吗？

另一个充满这种想法的领域，就是我们对于培训与发展的态度。当我们问人家：“你的个人生涯发展由谁负责呢？”他们会说：“是我自己。”然而，我们往往还是会听到人们问：“我什么时候才会得到更多的培训与指导？”

如今，我相信经理人每天的工作就是问 QBQ：“我今天可以做什么来发展我的团队呢？”但是，没有人天经地义地欠我们这些培训。归根到底，会改变“我”个人一辈子的路程，都是“我”个人的责任。因此，一定要注意这类的想法：“我的经理应该多指导我一些！”或是“我的公司应该为我提供更多学习锻炼的机会！”这些想法会阻碍我们采取行动，从而成为学习的障碍。

“什么时候才会有人来培训我？”是不正确的问题。更适当的问题是类似这样的 QBQ：

- “我能做些什么来投资在自己身上？”
- “我要如何获取新的知识，以迎接面临的挑战？”

障碍四：经验陷阱

对于那些认为自己“做到了”（或是成功了）的人，我要提醒他一声——想想泰坦尼克号！这艘在1921年号称“永不沉没”的船，正是人类傲慢自大与过度自信的经典形象。

对我们来说，情况也是一样的，我们每天都要面临未知的状况。虽然我们的经验肯定会是我们智慧的窗口，却也往往是我们认为自己已经走过所有艰难的骄傲之源。经验陷阱会妨碍个人成长及改变，因为经验的陷阱往往让我们以为自己该懂的都懂了。想想下列的例子：

- 经理人效仿以前老板的作风，却没有考虑到什么方式对现今的员工最有帮助。
- 教了一辈子书的老师，拒绝采纳有助于学生学习的新方法。
- 被以前那一套“表现热络，请客户吃饭”手法训练出来的业务员，无法运用现代的销售战术。
- 父母教出一个杰出的孩子后，不愿意寻找适合其他子女的教育方法。
- 在某一个产业表现非常好的主管，无法了解与另一个新产业的差异与微妙之处。

- 有些人常把“我们以前从来没那样做过”这句话挂在嘴上。

促进学习的方法（而且，别忘了学无止境）就是一直问：“我要如何加强学习的效果？”以及“我能做些什么来获得新的技能？”这些 QBQ 是强有力的防御措施，避免我们掉进经验陷阱，让我们在个人成长与改变的道路上走得更平稳，也更有效。

障碍五：排斥心态

我刚开始演讲个人责任与 QBQ 的时候，有一天，我演讲结束，走下讲台，和几个人握手，心情非常愉快。当时，我的感觉特别好，因为我认为这是我做过的最好的演讲之一，而听众强烈的反应也似乎证实了我的感觉没错。

等到兴奋感消失，听众也都离开之后，我才注意到会场还有一个人，她的脸色清楚地告诉我，她觉得我的演讲并不怎么样。

她是安排这场演讲的人之一，我当然希望得到她的意见回馈。经过一通诱导之后，她给我提出了批评意见：我在演讲中所使用的某些表现方式，与我要传达的信息有抵触，而她就是不喜欢。

我当时面带微笑，对她的坦诚致以谢意。可是，我实话告诉大家，我当时心里其实是怎么想的。实在很糟糕，但真的是那样："你懂什么？你又不是业务员，也不是什么知名演说家，你根本没做过我刚刚做的事，根本无法理解！"

我没有听进她的话，因为我排斥她。我瞧不起她的资格，认为她的意见不重要，而且不理会她的批评，因为我相信，她不可能理解我所做的工作是怎么回事。由于我自己的傲慢与偏见，我认定她"不属于我这个等级的人"，因此她的意见没有什么价值。

不过，那天晚上，在我搭飞机回家的路上，我开始仔细思考她说过的话，不得不承认她的意见有道理。她说得对，她跟我分享了她观察到的心得，我后来决定加以应用，而且证明对我帮助很大。

在人生的各个层面上，我们每天都用排斥的心态对待和我们想法不同的人。请仔细思考下列的情节：

- 业务人员拒绝接受营销人员说的话，因为"他从来没跑过业务"。
- 制造人员完全忽略研发团队的观点，认为"你根本搞不清楚我们实际的工艺，也不知道那有多困难！"
- 主管不愿意听行政助理的话，因为"哼，她懂什么？"
- 医生不听护士的话，因为"她没有接受过 12 年的医学教育训练"。
- 爸妈不理会孩子的意见，因为"父母总是知道什么最好"。

我们都是学生，我们也都是老师。不管走到哪里，总有宝贵的功课可以学习。如果怀着排斥的心态，我们就会错失学习的机会。

我们必须避开这个障碍，问问自己："我该如何用心倾听，考虑接纳别人的建议，并加以运用？"

> 在我们每个人的生活当中，学习的心态都可能成为我们强有力的竞争优势。

5

学习等于改变

QBQ

下列故事是萝苹提供的，她是新西兰奥克兰市某个妇产科病房的麻醉科医师。萝苹为产妇提供咨询，执行麻醉程序，也要随时待命协助紧急接生。此外，她在医院也担任主管的职务。

某个星期一，清晨 3 点左右，我从睡梦中被叫醒，要求我立刻赶到医院，准备做一个下半身的麻醉手术，产妇已经阵痛了很久，状况不太好。

助产士曾经尝试给她打静脉点滴，但她失败了，于是我必须多做一道程序——帮助先打上点滴，才可以开始进行麻醉。我费了很大的劲，好不容易才使针头顺利扎入静脉。

我刚把点滴管固定好，却突然听到产妇说："我可以用力了！"助产士很快检查了一下，确定她要生了。

"真对不起，"她有点尴尬地告诉我，"在这种情况下，我们不需要麻醉了。"我回答："太好了！"

助产士瞪着我看了一眼，她的眼神似乎在说："有什么言下之意吗？"她心里大概在想：你到底是谁？真是萝卜吗？

以前，要是碰到这种状况，我一定会很生气——被人半夜大老远地叫来医院，然后又挥挥手说不必了，只因为有人对于分娩的判断错误，我肯定会脸色难看，并在心里大叫："愚蠢的助产士！"

可是现在，自从读过《QBQ！问题背后的问题》之后，发生这些事情的时候，我竟然觉得很高兴，因为我会往好的方向想。像这个例子，分娩的过程比原本预期的顺利，最后并不需要医疗的介入，我也可以早一点回到床上睡觉。再说，助产士也尽力了。医疗本来就很难预料，这种意外的状况随时都在发生。就在那个早晨，我的出现也给了产妇精神上的支持，让她能忍受稍微长一点的阵痛时间。

当天稍晚，那位助产士来找我，问我："请问我可以和你谈谈吗？有个问题让我很困扰。"然后，我们讨论了一个存在已久的涉及助产士与医师之间不同观点的问题。我们讨论完之后，她自愿去做了很多推动领导团队所制定的规划实施的事情，并为之做出了很大的贡献。

这听起来可能没什么，但是她以前不曾那样来找过我。一开始，我其实非常惊讶，这是怎么回事？她的态度为什么突然改变了？但我随即明白——是我改变了。我运用了 QBQ，让我面对问题时，采取了更有建设性的行动，就是因为这样，她才会突然觉得可以放心自在地来找我。现在，我们让她参与到我们制定新规划的团队中来了。现在在我们这里，团队合作就是一切。

由于选择了要具有个人责任，我清楚地看到自己的人生获得了某种珍贵的东西。非常感谢您！

这个故事是个绝佳的实例，它说明仅仅获得知识和真正学习之间有何差别。你还记得学生时代吗？如果只是在考试之前，通宵熬夜临时抱佛脚，准备期末考试，考试是应付过去了，但我们走上工作岗位之后发现，抱佛脚学习的知识几乎全还给老师了。储存在我们短期记忆里的知识与理论，在学校的时候可能有用，但那并不是学习。

我们要将自己知道该做什么，转化成去做我们知道该做的事。知行合一的时候，才是真正的学习。换句话说就是——学习等于改变。

如果萝苹早就发现了 QBQ，却什么都没有去做，任凭像这样例外的心态——“这东西很好，但不适用在我身上”，或是经验陷阱——“我做得很好，不需要这个”这类学习的障碍阻碍自己，那么尽管她已经了解了QBQ，但她没有学到QBQ！

然而，一旦她选择将学到的QBQ知识付诸行动，那么她就成了真正学到QBQ的人。而且，通过行为的改变，她在人生当中“获得了某种珍贵的东西”。

萝苹的故事并不是彻底改变世界的大事件，但这的确改变了她个人的世界，而这才是真正重要的。

当你问QBQ，并且将知道的事付诸行动的时候，学习的优势实践原则就可能改变你的世界。

> 我们要将自己知道该做什么，转化成去做我们知道该做的事。知行合一的时候，才是真正的学习。

优势实践原则二
——负责

Advantage Principle Two · Ownership

6

负起责任，解决问题

QBQ

莎拉的故事

莎拉刚刚进入一家工作节奏快、压力很大的贷款公司，忙得没有及时将她的“新进员工表格”交给处理薪资的部门。于是，到了第一次发工资的日子，莎拉没有领到工资。

为了解决这个问题，她的主管（分行的经理）打电话到总公司。总公司的人问他：“谁在处理她的文件时犯了错？”听到这句话，经理的回答是这一句简单又有力的话：“我不能确定，但假如你只要知道是谁的错，就能让莎拉拿到工资的话，那就算是我的错好了。”

他真正要说的意思是：“谁在乎是谁犯了错？让我们

解决问题吧！”

黛安的故事

这是《QBQ！问题背后的问题》的读者黛安讲给我听的故事。

“有一天，飞机晚点了，我在晚上11点钟左右才降落在维吉尼亚州的里奇蒙机场。大概是因为我运气不佳，只有三辆机场班车停在路边，而且班车都是驶往其他方向的，没有一辆要开往我所去的A区方向。前面两辆班车开走之后，第三辆班车驶向了我这边。车门打开了，司机大声说：‘嗨！我是雪莉，如果你想要去A区方向，不必管我的车上的牌子是怎么写的，尽管上车就是了！’上了车，我问她，是不是因为时间太晚，有些班车停运了。她说不是，只是有些司机根本不在应该停的站点停，所以全都乱成一团了。她笑了笑，继续说：‘尽管我不是开往A区方向的，可是我见你站在那里，看起来很累的样子，而我又坐在这里没什么乘客，倒不如我们一起去A区！’”

史丹的故事

史丹是明尼苏达州亚历山大市唐尼制造公司的创办人兼CEO。唐尼制造公司是为各式各样的产品做特别定制的塑料部件。他们有一个项目，是为一家溜冰鞋制造厂商的新款直排轮溜冰鞋制作扣件及夹件。遗憾的是，唐尼公司有人把溜冰鞋上的扣件装反了——很简单的错误，一不注意就会疏忽。

溜冰鞋制造厂商派出的一个小组（包括公司的总裁），带了几双溜冰鞋到欧洲，拜访一家可能成为批发商的大客户。他们打开盒子，惊讶地发现溜冰鞋的扣子竟然扣不上。这下子问题大了！消息传回唐尼公司，项目团队开始检查到底是怎么回事。有一个人问了坏问题："他们出国之前为什么没有更仔细地检查溜冰鞋呢？"

"不，"史丹语气强硬地回答，"那是我们的工作！"

以上三个故事都是说明"负责"的极佳实例。"负责"并不需要在公司里拥有股份，或是有正式的主管职位，它的意义是要正面迎接问题，而不是指责、抱怨、拖延，或者制造借口。负责是个人责任最纯粹的形式，而 QBQ 有助于实现这一点。

问坏问题的时候，我们并没有负责：

- "他们什么时候才会搞定这件事？"
- "是谁搞砸的？"
- "他们为什么不肯改善这里的状况？"
- "谁会来为我讲清楚工作内容？"
- "为什么会有那么多指责的口水战？"

问 QBQ 的时候，表示我们真的负起责任了：

- “我该如何解决问题？”
- “我该做什么来贡献一己之力？”
- “我该如何协助组织成功？”
- “我该做什么来扩展自己的个人影响？”
- “我该如何摆脱生活中的指责？”

我们需要负责，因为组织总是会有问题——事情难免会出状况，错误难免会发生。

有问题，就需要解决。当然，我们再也不会把它们叫作“问题”，我们如今叫作“机会”“争议”及“状况”，或者“挑战”。但无论我们用什么名目，它们仍然都是“问题”。当我们实践主动“负责”原则的时候，我们就会获得明显的 QBQ 优势。因为只有这时候，我们才会找到解决问题的方法。

> 负责的意义是要正面迎接问题，而不是指责、抱怨、拖延，或者制造借口。
>
> 负责是个人责任最纯粹的形式，而 QBQ 有助于实现这一点。

7

指责：负责的反义词

QBQ

大家指责快餐造成了肥胖，指责电脑游戏造成青少年暴力，政客指责彼此造成国家的问题，社会指责好莱坞造成“道德沦丧”的文化。

有时候，好像除了指责的游戏之外，就没有别的可以玩了。大家都指责别人。可是，等一等！在我们太专注于“外面”的那些指责之前，请先想一想这些问题：

- “上班迟到的时候，我有没有指责早上的交通状况？”
- “孩子成绩退步的时候，我有没有指责老师？”
- “丢掉饭碗的时候，我有没有指责上司？”

- “很晚才回电话的时候，我有没有说：‘我实在太忙了？’”
- “心情很差的时候，我有没有指责自己的家人和同事造成我的困扰？”
- “销售业绩没有达到目标的时候，我有没有指责公司产品的定价或是顾客？”
- “考试成绩不佳的时候，我有没有指责教授的讲课方式？”
- “客户没有及时收到货，我有没有指责货运部门？”
- “股票赔钱的时候，我有没有指责证券商？”
- “儿子惹上麻烦的时候，我有没有指责跟他混在一起的朋友？”
- “挥杆把高尔夫球打到杂草区的时候，我有没有指责风向？”
- “我做礼拜的教堂不曾兴旺起来，我有没有指责主持的牧师？”
- “忘记履行某个承诺的时候，我有没有说：‘生活太忙乱了？’”
- “我们的少年棒球队星期六的球赛打输了，我有没有指责教练？”
- “没有获得加薪（或是福利缩水）的时候，我有没有指责老板？”

- “项目未能及时完成的时候，我有没有指责团队？”

指责是个自然的反应，每个人（包括我自己）都会时不时地陷入其中。虽然指责显然是在浪费时间，但我不曾看过任何组织或是社会团体对此免疫。

指责解决不了问题

以下是一个很受欢迎的“转寄”邮件，不晓得经过了多少人，最后才进入大家的信箱。这个据说是某所中学的教职员录制的语音信箱问候语，大概是为了回应某些因为学生分数不及格和考试成绩不佳打算控告学校的家长。

您好！这里是学校的自动语音服务系统，请您先耐心听完所有的项目再进行选择：

要说谎解释孩子为什么缺席，请按1。

要帮孩子为没有写作业找借口，请按2。

要抱怨我们做事的方式，请按3。

要责骂学校的教职员，请按4。

要问您为什么没有拿到明明就写在家庭联络簿上，让学生带回家的信息，请按5。

如果您想要我们代为养育您的孩子，请按6。

如果您想要伸手打某人的耳光，请按7。

今年第三次要求换老师，请按8。

要发泄您对校车交通的不满，请按9。

要抱怨学校的营养午餐，请按0。

可是，如果您认识到您的孩子要为自己的行为、课堂学习及家庭作业负责，您的孩子不够努力、成绩不好，并不是老师的错，那么请立即挂断电话，并祝您有愉快的一天！

非常好笑吧！据我所知，这是某个无名氏写的虚构小品，在网络上像野火一样蔓延开来。这其中的言辞虽然尖锐了些，但确实不乏为一个强力说明指责根本没有用的范例：指责别人（教师）没有教育好我们自己的孩子，永远解决不了问题，别人（教师）还有一大堆指责等着你呢！

指责永远解决不了任何问题，因为我们不可能一边玩指责游戏，一边还能主动负起责任。要是没有人负责，任何事情都不可能做好，不可能修正，也不可能改善。

> 指责永远解决不了任何问题。

8

另一种形式的指责：勾心斗角

QBQ

在自己的小办公室隔间里、在公司角落的办公室里，或者在外跑业务的酒店房间里，就像士兵匍匐在战场的壕沟中——借着电脑屏幕的微光，我们的电子邮件齐发（就像子弹），射向对面的敌人，并希望他们回击的子弹不会击中我们——在他们的论点中暴露出致命的缺陷，从而无损于我们。于是，我们可以立刻回复给予反击，并将此漂亮的反击邮件，抄送给全体士兵和军官（我们的同事们）。成功必定属于我们！胜利的滋味真是无比甜美！

我不得不承认，以上的情节有点过火，却也精彩地说明了一个非常真实，而代价也很高的问题——勾心斗角，而这正是另一种形式的指责。

资产负债表上可能没有“同事之间的争执”及“指责其他部门”的项目，但团队合作、士气及生产力的成本的确存在。所以，指责不仅无法解决问题，反而还会增加问题，造成严重的损失。

我们可以做得更好。让我们停止彼此之间的战斗，开始和我们的问题战斗吧。

> 指责不仅无法解决问题，反而还会增加问题，造成严重的损失。

9

不找任何借口

QBQ

在我才十几岁、驾驶经验还不算丰富的时候，我的父母常耳提面命，在我脑袋里灌输这个观念：注意别人！他们的意思是说，在路上开车的时候，每个人都会犯下心智上的错误，所以，我不仅应该自己小心，还应该注意其他驾驶人的错误。我可以想象，你大概也听过类似的话。而且，就像我的父母告诉过我的许多事情一样，最终证明是非常明智的建议。下面是我还记得的一则小品，也教给了我的孩子。

乔纳森出车祸死了。

驾驶者坚持自己在马路上有优先通行权，所以没有减速。

然而，无论对错，乔纳森终究死了！

安全驾驶纯粹是个人责任与负责的表现。时时刻刻观察周围的状况与环境，谨慎操纵交通工具，完全是我们的责任，而不要追究是谁的错。即使是行人违反了交通规则，作为驾驶者也有责任避让，以免造成严重后果。

比如说，我的车从后面追撞了别人的车，我总是有责任的。不管我前面的车子为什么会突然刹车等，这都无所谓，这样的车祸总是我的错，因为我没有保持安全距离，以便让我有足够的时间应变。

除了驾驶之外，如果有人换灯泡的时候摔下梯子，操作锄草机的时候割断了脚趾，大家都应正视这样一个不争的事实：在工作场所、在家里，以及在驾驶座上，个人的安全都是自己个人的责任，不要找任何借口。

所以，下次你在起居室的地板上被小孩的玩具绊倒，或是在厨房里踢到椅脚，不要找借口，问一些坏问题，像是："孩子们为什么不把自己的东西捡起来？"或"谁把那张讨厌的椅子放在那儿？"而要承担起责任，问 QBQ，如"我能做什么来处理这个状况？"及"我该如何小心一点？"

10

不再说“这不是我分内的工作”

QBQ

有一天，我很晚才住进亚利桑那州斯柯茨达的会议度假村，隔天早上 8 点要在 300 名药厂销售专业人员面前演讲。

勘察过会场之后，我才知道自己要站在非常高的讲台上说话，这就意味着我的鞋子刚好会在观众视线高度的地方。我知道药厂的业务代表通常特别注重穿着，这群人大都穿着擦得亮光光的皮鞋，所以，我问前台的服务员：“今晚我有可能在这里把我的皮鞋擦亮吗？”

“米勒先生，我会到百货商店，帮您去买鞋油，因为我敢肯定我们度假村没有。要不，也可以让服务员把您的鞋子拿到公路另一边的度假旅馆，他们那里提供擦鞋服务，营业到午夜。或者，我也可以把您的鞋子带回家，在家里擦好，等到明天早上 7 点左右，我上班的时候，再把皮鞋带回来。米勒先生，以上的建议里，有让您满意的吗？”

你能想象吗？换成你，当下会怎么反应？“真了不起！谢谢！”而你对他个人和他工作的组织会有什么感觉？你会不会记住他的姓名？你会不会把他的事还有他所服务的度假村名称告诉所有的朋友？我相信你一定会的，就像我现在要告诉你一样。

但对不起，要让你失望了，这件事从来没有发生——至少情形不是那样的。我也不曾预期柜台的服务生会提供前述的任何一个解决方法。但是，我的确问过有没有办法把皮鞋擦亮，当时的对话差不多就像这样：

我：“今晚我有可能在这里把我的皮鞋擦亮吗？”

他：“不可能。”

他为人不好吗？根本不能这样说，我也不敢期望有谁会把我的皮鞋带回家，用他们自己的时间去擦皮鞋。我只是要说，他根本想都没想到要去处理我的问题。我看得出来，他根本就不在乎，而这差不多是服务业界可能发送出去的最糟糕的信息。

话说回来，也有可能是我错了。也许他真的在乎我的问题，但他只是在想，我又不是擦皮鞋的。换句话说，就是终极借口：“这不是我分内的工作。”

岗位说明书（详细列出我们特定岗位与责任的概要文件）是一项了不起的工具。但它也可能变成某种不愿意为手上的问题负责任的借口。它也可能阻碍我们找到有创意的解决方法，导致其他人认为我们根本不在乎。这名员工的岗位说明书不可能提到“擦皮鞋”，所以我也就没什么好说的了。

我们的工作职责，并不是到岗位说明书最后一句话最后一个字后面的句点就为止了。

不要再说：“这不是我分内的工作！”主动为问题负责，让别人看到你很在乎他们的问题。要有创意！稍微多走一段路，多付出一点关心，也会稍微多一点领先优势。问这样的 QBQ：“此时此刻，我该如何帮助这个人？”

> 我们的工作职责，并不是到岗位说明书最后一句话最后一个字后面的句点就为止了。

读后感

11

为工作安全负起责任

QBQ

有时候，某个问题或状况可能会错记到别人的账上。隆·波特是一位工作场所安全的专家，他告诉我这样一个故事。

当年，我是某家大型造纸厂的部门经理，那种地方本来就很危险。某个星期二早上5点，我接到一个电话，我部门的一个夜班工人史蒂夫受伤了。我在30分钟内就赶到医院，见到他惊慌的妻子和3个哭叫的孩子。他断了一条胳膊，头颅骨折，身上还有许多割伤。他的状况非常糟，但总算能保住性命。

状况是这样发生的：史蒂夫取下了某个大件设备的金属保护网，以便伸手进去做调整。就在这时候，他的袖子被钩进了 1 根转轴，于是他整个人被拉了进去。老实说，他可能当场毙命。

听到事故缘由的时候，我的第一个想法是：史蒂夫为什么会做那种傻事？他为什么会冒那样的风险，拿他自己的安全开玩笑？我实在不懂，为什么会有人违反公司的安全规定，取下金属保护网。史蒂夫是模范员工，应该更懂得遵守制度才对，他当时到底在想什么？

然后，我突然想到：史蒂夫和他的家人现在之所以受苦，是因为我（还有其他的主管）创造出来的文化。我们确实在推行工作安全的措施，但大部分只是在墙壁上贴口号标语，开会的时候没完没了地教训员工。坦白说，我们的措施把员工安全的责任大多放在经理身上，放在了口头上、标语形式上，而不是最前线的工作人员的行为上。

显而易见，应该把更多的责任转移到必须承受不注意安全的后果的那些人身上。身为经理，我们永远无法防止像史蒂夫那样的事故发生，因为我们不可能随时随地都在做所有的决策。如果要进一步改善我们的安全记录，个人就必须密切注意自己及团队的伙伴。

因此，我们改变方式，开始让大家为自己的安全负责，我们对全体员工实施具体的一对一训练，强调个人安全的责任。要是任何员工没把话听进去，我们就会盯住他，重新训练教导他，并且利用备忘录、会议，以及和员工闲聊家常的方式，强迫灌输这些概念。

我们开始看到了真正的改善，也终于了解到，身为经理人，只有拓宽焦点，超越规则、程序、设备及系统的范围，要求每名团队成员对工作安全的决定负起责任，才会改善安全的问题，否则一点用也没有。

我们花了大约三年，才改变了我们的部门和整个工厂的安全文化。如今，经理人和员工都了解到，我们每个人都必须为自己在工作时的安全负责，每时每刻都是如此，而且没有任何借口。

遇到挫折的时候，QBQ 可以帮助我们引导自己的情绪，转向出力贡献，而不是出言抱怨。

找出自己可以出力的部分，随即采取行动，这样会让我们更有干劲！

读后感

12

要负责任，但不要过了头

QBQ

负责任是解决问题的第一步，而这是影响我们的组织与人生的基本要素。但是，任何优点要是走到极端，它就会变成弱点。负责任并不是：

- 做别人分内的工作。
- 救援表现不佳的人。
- 每次出了问题，就说："好吧，都是我的错！"
- 试图自己一个人处理每件事。

要负责任，但不要过了头。问这样的 QBQ："我要如何贡献一己之力？"及"我能做些什么来协助其他人达成目标？"但也要记住：不见得每个问题都完全只靠我们自己解决。

每个人都可通过自身的聪明才智解决问题，
但不见得每个问题都得靠你来想办法解决。

读后感

优势实践原则三
——创意

Advantage Principle Three · Creativity

13

QBQ 式创意：成功运用现有的资源

QBQ

在我的两个较大的孩子克莉丝汀和塔拉差不多 11 岁和 9 岁的时候，有一天，她们请我带她们去买一套很好玩的盒装游戏，她们曾在朋友家里玩过。等我们到了商店，她们很快就发现，玩具价格比她们凑到的钱多了 6 美元。她们这下子犯难了，但她们并没有向我求助。

她们没有请爸爸帮忙解决问题，因为妻子凯伦和我对孩子采取了一套财务制度，孩子们从 9 岁起，就要开始处理自己的金钱。我们每个月为孩子们提供一笔“预算”经费，将钱分为五大类别：储蓄、慈善、礼物（包括生日和节日）、杂项，还有服装。真的，还包括服装。如今，孩子们都是自己付钱买长裤、上衣、正装、外套，还有鞋子。

看着年纪才十几岁的女儿，现在就懂得去找便宜划算的衣服，而不是昂贵的流行服饰，真是令人满意。而且，她们也不会伸手要妈妈掏出皮包里的信用卡去刷卡，或是缠着妈妈买这买那。她们有自己的钱，也知道如果在月底之前把钱花光，她们就得等到下个月才有钱，绝对没有例外。就像她们说的，"没了，就是没了！"

离开商店的时候，两个女儿很失望。但在我们回家之后不久，我听到孩子们的房间传来咯咯的笑声。她们跑到厨房拿了一些东西，一下子又不见了。不管到底在做什么，她们显然很快乐。

你猜猜看，这是怎么一回事？她们正在用自己创的意开发游戏！接下来的几个钟头，全家人都很开心地玩着她们创造出来的游戏。

我很难想象，还有哪个例子更能表现创意。我根本不会想到要设计一种游戏，但她们并没有因为缺乏资源而受阻。她们一起思考讨论，想出了美妙的解决之道。

通常，谈到创意的时候，我们会想到艺术方面的能力，像写作、素描或是绘画。然而，面临障碍却能想出另一个方法来达到目标，更是创意的极致表现。

问坏问题的时候，我们不曾运用创意：

- "我们为什么不能拥有更多的工具来把工作做好？"
- "谁会提供我所需要的信息？"
- "我们什么时候才会有更好的电脑系统？"

- “我什么时候才找得到既努力又可靠的员工？”
- “我为什么不能拿到较多的预算？”

问 QBQ 的时候，我们运用了创意：

- “我要怎么做才可以利用现有的工具成功地完成工作？”
- “我该如何获取需要的信息？”
- “我该采取什么行动才会有进展？”
- “我该如何培养现有的人力？”
- “我该做什么来达成目标？”

创意是协助我们达成目标的重要的优势实践原则。成功之路很少是平坦、毫无障碍的，路上有很多要闪避的坑洞、要跳过去的阻碍，还必须经过泥泞的路面。但是，在其他人陷入困境而放弃的时候，有些人还是可以运用创意，专注在目标上，并且继续努力，直到发现通往成功的途径，无论是在职场上或家庭生活中，皆是如此。

> 在其他人陷入困境而放弃的时候，有些人还是可以运用创意，专注在目标上，并且继续努力，直到发现通往成功的途径。

读后感

14

以创意改变思维方式

QBQ

鲍伯是个优秀的业务员，我们曾经在教练与开发领域合作过。鲍伯有他独门的绝招，我们以前常常笑他出门只带很少的东西。他去拜访客户谈业务的时候，身上只带着两件东西：一个标准尺寸的笔记本，还有一支奇异笔。

在某位副总裁或 CEO 的办公室坐定之后，鲍伯就会拿出他的笔，在笔记本的左上角画一个圆圈，然后在圆圈里写上“领导力”，然后说：“我们从事领导能力开发领域的工作。”接着他再画另一个圆圈，在圆圈里写着“销售技巧”，然后说：“我们从事业务教练领域的工作。”

然后再继续讲“建立团队”等。画了五六个圆圈之后，鲍伯会将笔记本往前推，问这位可能成为客户的人：“我在哪个领域最能帮助贵公司？”

鲍伯是一个将创意付诸行动的极佳榜样。他没有被问题困住，问坏问题：“我们什么时候才会有彩色印刷的宣传手册？”或是“我们为什么不能像其他公司那样有丰富的营销资源？”反而问了可以发挥创意的 QBQ：“利用现有的工具和资源，我该怎么做才会成功？”他的确成功了。运用他那简单的方法，鲍伯不只拿到我们公司“年度最佳新人奖”，他还在第一年卖掉更多的教练课程，也打破了任何人的纪录。

问这样的 QBQ：

利用现有的工具和资源，我该如何做才会成功？

对我而言，这个故事最精彩的部分，是很久以后才发生的。在某一家保险公司上课的时候，我和大家分享鲍伯的故事。课后，有一名年轻的业务员跑过来，说了一句我以前从没听过的话：“约翰，你说中我的要害了！”

我问他：“我说中你的要害？这话什么意思？”

“六个月来，我一直在纠缠我的上司，希望买一台存储量更大、速度更快、功能更强的笔记本电脑。”然后，他得意洋洋地拿出一个笔记本，说："可是，今天我学到了，利用这个东西，我就能成功！"

多么了不起的思维方式的改变呀！这名年轻的业务员真正要说的是这个："你知道，我原来也是这么做的。我一再要求上司给我配备更好的设备，是因为我以为没有它，就不可能成功。"然而，那一天，他上完课离开的时候，却对他的处境（以及本身）有了全新的认识。QBQ 式创意果然很有威力吧！

实践"创意"原则，需要我们每个人采取类似的思路大转变，而 QBQ 可以帮助我们。

QBQ 可以改变现状

茱莉是一所中学的校长，她送给每位教职员一本《QBQ！问题背后的问题》在暑假期间阅读。她为我们讲述了下面这个故事。

每年秋季，学校开学的时候，似乎都会发生电脑工作不正常的问题。通常，我会听到好几个教师抱怨，说他们没办法好好教课，因为没有适当的设备。但是今年，幸亏有了 QBQ，我们的电脑课教师提姆实践了个人责任。他没有再抱怨电脑不够用，不能正常上课，反而到校外募集到四台捐赠的电脑，使得从上课第一天开始，学生就有足够的电脑可以使用。

这个故事再次说明了 QBQ 如何带来思维的创意性转变。年复一年，人们都在抱怨电脑的问题，但是，“能做些什么来改善现状？”这个简单的 QBQ 协助提姆采取了行动，找到别人不曾发现的创意解决方法。

更重要的是，这个故事也说明了 QBQ 甚至可以影响到那些我们认为最不可能改变的人。继续读下去，看看茱莉后来讲了什么。

问这样的 QBQ：

我能做些什么来改善现状？

我能做些什么来达到目标？

补充介绍一下提姆的背景：他教了二十几年的书，是位资深的教师，在教授电脑方面具有很丰富的经验。我以为那种“立竿见影”的态度只会发生在年轻的教师身上，对于资深的老师并不抱太大的希望。没想到 QBQ 真的发挥功效了！

这样的事实的确发生了。

唯有在我们停止前进的时候，我们的目标才会变得遥不可及。如果我们问 QBQ，并且不断寻找，我们就会发现许多方法，不只是不同，往往甚至更好。

有创意，不断追寻，你一定能找到更好的解决方法。

读后感

优势实践原则四
——服务

Advantage Principle Four · **Service**

15

QBQ服务：想他人所想的服务

QBQ

麦克碰到问题了。几个月来，麦克和几名好友一直计划要到阿第伦达茨山度周末。在出发前的星期三晚上，麦克还在芝加哥出差，突然想到自己忘了一件非常重要的小事：靴子。在三月，阿第伦达茨山的天气绝对是又冷又湿的。麦克早就打算订购新的登山靴，却一直没抽空去做这件事。距离出发日期只剩两天，没有登山靴可以穿，而他又出差在外。

于是，他从旅馆房间拨了专卖野外活动用品的宾氏公司的800免费电话。电话接通之后，他向那位客户服务员说："我手上没有你们的产品目录，但我需要一双很久以前就想订购的靴子。我曾经在你们的目录上看过，所以我知道你们是有的。”

那位服务员笑着说：“先生，我们的靴子多到连我都数不完，我们先来看看能不能缩小范围。”她名叫克里斯蒂，麦克立刻感觉自己得到了良好的照顾。

电话交谈的内容逐渐变得像朋友之间的对话，麦克告诉了克里斯蒂自己要去登山的事。他们一起推断出他大概想要适合“耐寒”的靴子，也就把选择的产品范围缩小到比较好处理的十几种。然后，麦克仔细描述他曾经从产品目录上看到的自己想购买的靴子，还将记得的每项细节一一进行了描述。他们两人终于更准确地找出了三种可能性——几乎快达到目标了。这时候，克里斯蒂问：“请问您什么时候要？”

麦克有点尴尬地开口：“不瞒你说，我星期五以前就要，因为这个周末我们就要出发了。”

“嗯，”她说，“我最快要到明天，也就是周四一早才可能把订单传送到库房，所以，如果按我们正常的两天货运时间，就要到周六您才能收到了。而且，我们仍然不能确定您需要的是哪一双靴子。”

麦克开始感到没有希望了。

但是，克里斯蒂却突然又说话了。“麦克，让我们看看还有什么办法没有。”她说：“这样吧，明天，我会找到这三种可能的靴子，各挑一双您的尺寸，以隔夜快递送达的方式寄给您，这样星期五就会送到府上。请您把每双都试一试，挑出自己想要的那一双，然后把另外两双寄回来。我会附上一张回程的快递货单，并填好表格，您只要打电话请人来取货就行了。那么，请告诉我您的信用卡号码。我暂时不会划款，等到下星期一您登山回来，打电话告诉我，您穿了哪一双靴子去登山，我再从您的卡上划款。您认为如何？”

很久都没有声音。

“麦克，您在吗？您觉得这样可行吗？”

经过好一阵子，震惊得说不出话之后，麦克终于“哇！”了一声，“真不知道我要如何表达我此时的心情了！”

就在麦克告诉我这件事的时候，我从他的眼神中看出，他体验到一家公司是怎么办到满足他的需求的，或者一个人怎么做到了完全超出他的预期的服务。他分享的是他自己仍然深受感动的事，而且我相信他永远忘不了。当我问他，那次登山露营玩得怎么样时，他大笑着说：“我不记得了，整个周末我都在向 12 个大男人喋喋不休地夸奖宾氏的服务有多么好！”

一家公司怎么也买不到那样的广告！这一切都是自愿提供的服务，而且完全出自内心、心甘情愿地去做。这就是 QBQ 服务，以这样的服务，足以改变我们的现状。

问坏问题的时候，我们并没有服务的心态：

- “别人为什么会有那么多的要求？”
- “顾客要到什么时候才会按规矩来？”
- “我的员工什么时候才会更加自动自发地工作？”
- “那个部门为什么不把工作做好？”
- “别人什么时候才会像我这么用心？”

问 QBQ 的时候，我们就有了服务的心态：

- “我能做些什么来了解其他人的需求？”
- “我该如何为顾客提供更多服务？”
- “我该如何成为更好的指导者？”
- “我该采取什么行动来帮助他们成功？”
- “我该如何为其他人的生活增添价值？”

服务的心态是 QBQ 精神不可或缺的一部分，而这些优势会扩展到我们人生的每个领域。服务会加强关系，也会建立信任。它会让我们成为更有影响力的领导者，无论是在职场上或是在家庭生活中，也会为我们服务的对象（以及我们自己）增加生活的价值。最重要的，可能是通过为别人服务而带来自身发自内心的满足和喜悦。

> 服务的心态是 QBQ 精神不可或缺的一部分。

16

服务与谦卑

QBQ

关于仆人领导（Servant Leadership，领导者将自己视为仆人的态度），已经有很多人写过关于这个主题的书籍。然而，有些人还是很难接受这个概念，因为他们相信服务是表示自己地位比较低下的行为，但实际上并非如此。还有人一听到“仆人领导”，就认为这是一种矛盾修辞法，也就是两个本身意义互相冲突的单字或词语构成的词汇，就像：

双人玩的单人牌戏（Double Solitaire）

旧新闻（Old News）

无偏见的意见（Unbiased Opinion）

实习教师（Student Teacher，还在当学生的老师）

合法的诉讼（Legal Brief）

大小孩（Adult Child）

以上都是一些有趣的例子，但是“仆人领导”并不真的属于这类名词。从 QBQ 的观点来看，仆人领导的意义，就是认识到谦卑是领导的基石，完全是一种“我的存在是要协助你达到你的目标”的态度，而不是“这里由我做主，你来这里就是要听从我的指挥”的心态。

当然，不见得每个扮演领导角色的人，都能将服务看成是工作的一部分，但是好的领导者往往做得到。

激励人心

1986 年 2 月，吉姆·史达顿雇用了我。我负责推销领导力与业务教练的课程。这是我的第一个业务工作，我的任务是要招到 20 个学员，参加一场收费 500 美元、为期两天的研习课程，预定五月开课。给我招生的时间只剩三个月了，我不得不边学习业务边加紧工作。我开发可能有兴趣的客户，打电话约时间拜访，非常努力地工作。不过，到了五月，只有 9 个学员报名。开课的第一天，我感到很气馁。那次教练课程由吉姆主持，而我就在一旁见习。布置好教室之后，我们还有几分钟的时间，等待参加的学员来上课。

吉姆环顾了教室，说：“约翰，你知道吗，我看到了

20 个学员。”

我向他解释：“吉姆，我只招到了 9 个学员。”

他微笑着说：“我知道，但是我看到了 20 个学员，因为我知道你做得到！”

从他主持课程的过程中，我学到了很多。吉姆的表现令人惊叹，我也看到有些学员的人生从此改观。有一个学员告诉我，他本来准备要承认自己不适合当经理，打算回基层跑业务，但是我们的研习课程重新燃起了他的希望与信心。那次的经验更加深了我的信念，知道了我为客户提供的是什么。

下次的课程我们排在七月，只剩下 60 天的时间。我这辈子工作从来没有那么拼命过，就好像在修一门叫作“吃闭门羹”的课程。如果你做过业务工作，就清楚我的意思。我记得有一天，打了 75 个电话之后（只找到六七个人，而且全部都拒绝了），我一个人坐在办公室里，垂着头靠在办公桌上，喃喃自语：“这真是不可能的。”

但是，等到七月临近开课的时候，我招到了 16 个学员。有进步，但仍然没有达到 20 个人的目标。同样，课程开始之前，吉姆又走过来，对我说：“约翰，我看到了 20 个学员。”我的第一个想法是：这位先生真的需要买个计算器。他继续说：“我看到了 20 个学员，因为我相信你做得到。”好吧，吉姆，或许我做得到。

30 天后，我主持了一场有 22 个学员参加的课程，接下来的两年，从来没有一次课程的人数少于 20 个。

是的，我需要相信自己及自己的潜力，但我也需要有人协助我养成这样的信念。我需要有人将他对我的信心注入我身上——这正是吉姆对我做的事。这需要他愿意谦和对待，让我听到“我相信你！”这样的信息，又响亮又清楚，而这带给我极大的鼓励和重大的改变。

你发送给周围的人什么样的信息呢？往往，我们发送出来的并不是像“我看到了 20 个学员！”“我相信你做得到！”这种鼓励人心的正面信息，反而是令人沮丧泄气的充满怀疑的信息，像：

- “你仔细检查过数字吗？”
- “你对客户说了什么？”
- “你为什么那样做？”
- “还是让我来处理这件事比较好。”
- “你为什么不能及时把工作做好？”
- “你什么时候才会采纳我的建议？”

以上每句话都是在表达：“我怀疑你的能力”“我不确定你做得到”或“我不相信你可以做最好的决策”。

当我们通过语言与行动，将诸如此类负面消极的信息传达给周围的人的时候，我们带给别人的是伤害而不是帮助。对我们每个人都是这样——无论我们的头衔或职位是什么。

激励人心是一件不容易做到的事，也是一种很有效的服务。无论是在工作上还是在居家生活中。

让我们学着像吉姆一样谦虚为怀、愿意为别人服务吧！

多问这样的 QBQ：“此时此刻，我能做什么来帮助身边的人成功？”

读后感

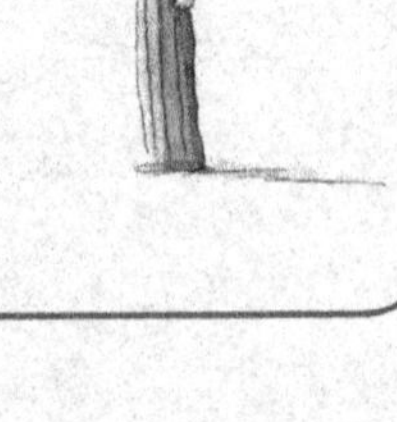

17

提供服务的不是组织，而是个人

QBQ

提供卓越服务的事例（像吉姆和宾氏公司的克里斯蒂）似乎是例外，而不是常态。看看以下这些典型的情节，你是不是很熟悉呢？

我坐在一家餐馆里，和几个朋友聊天。服务员过来时，我兴高采烈地问：

“最近的沙拉有没有什么新奇的口味？”她怎么回答的？“大多数人都自己看菜单。”

天哪！

……

药店打电话来，说我的处方药配好了。我在一个钟头之后抵达，看到两行长长的队伍，于是我随便选了一行去排队，等了很长一段时间。终于轮到我的时候，柜台职员翻遍整个篮子，寻找我的药单。找了半天没有结果，他说：“先生，请问您的姓名有没有显示在我们墙上的电子屏幕上呢？”

“我不知道。”我说，“但你打电话告诉我说东西好了，所以我就立刻过来了。我已经等了好一阵子。”

听到这里，他指一指我的左手边，说：“对不起，您必须先登记，再排那边那个队伍。”我转过身，看到另一行队伍现在已经排得好长好长，最末尾的那个人已经排到门外去了。

“哇，你不是说真的吧！”

……

我正在和我的保险经纪人打电话，讨论申请理赔的事。我告诉他刚刚发生的车祸过程，以及我在事后采取的步骤。他说：“看样子，我好像必须到您府上，我们把条款再看一遍。”

重新看条款？！

差劲的服务会把人的心情打入谷底。没有任何公司胆敢声称：“干吗需要客户服务！”事实上，大概很难找到任何一家公司，不把“服务”当成核心价值观之一。然而，问题还是存在。为什么呢？其中一个原因是我们忘了这个真理：

提供服务的不是组织，而是个人。

个人负责提供卓越的服务，而组织的责任就是全力支持他们完成这项努力。别忘了，在顾客眼中，企业的好坏，完全取决于当下和他们互动的那个人。换句话说，那位客服人员就代表着整个组织。

无论我们如何定义顾客，是购买产品或服务的某个人，还是扩充定义对象，包括我们的同事、部属，甚至朋友和家人，即使其中只有一个人感受到“差劲，好差劲的服务！”这样的信息，都是让人承受不起的，那样绝对会把顾客赶走，而且往往不是仅仅一个人。

不要问这样的坏问题：“顾客为什么不按照规矩来？”

让我们学习问 QBQ，像是：“此时此刻，我该如何为这个人提供最佳的服务？”“我该说些什么话，让他们能安心自在？”及“我该如何让这名顾客感受到特别的服务？”这才是增加服务价值的方法。

阅读本书时，请你不断问自己：“我该如何将这些概念实际运用在工作上和家庭生活中？”这是将个人责任的力量释放出来，并且获得 QBQ 优势的重要一步。

读后感

18

服务，这么做才对

QBQ

格林和卡罗尔夫妻俩正逐渐实现创业的梦想，他们在丹佛市开了两家咖啡馆。然而，其中一家店的表现不如预期。虽然他们煮的咖啡风味极佳，个性也让人喜欢，但店面的地点很糟糕——生意也就难有起色。

一天早上，这家经营不善的店所在的地区停电了——简直是雪上加霜！经营情况已经够糟糕了，现在还不得不停业了，可以说是损失惨重。但是，他们没有因此心烦意乱或是抱怨不已，格林反而考虑到所有要开始一天工作的人。他们没有电，没有热水，更惨的是没有咖啡！爱喝咖啡的人都知道，没有咖啡因的早晨，不只是不方便而已，简直是大灾难。

格林做了个决定：他开车到 8 千米外的另一家店（那里仍然有电），煮了五大壶咖啡。然后，他带着咖啡回到停电的店面，在门外摆起桌子，为任何路过的人免费奉上咖啡。五大壶咖啡分送完之后，他又去取咖啡，一次又一次，直到没有客人为止。

卡罗尔告诉我这个故事，她说："他一分钟也没想到自己，也没想到我们在做赔钱的事。他完全没想到要收咖啡钱。他只想让人们脸上露出笑容，而他做到了。其实，人们会很乐意付钱买咖啡，但格林说：'不必了！大家今天早上已经够难受了。'"

多么好的服务表现！做小生意的老板碰到不幸的处境，很容易会有不同的反应，通常会问这样的坏问题："房地产经纪人为什么会把这么差劲的地点推销给我们？""这地区的经济状况什么时候才会有起色？"及"为什么我找不到好帮手？"但是，像格林这样愿意打从心底服务的人，根本不会那样想。

顺便提一下，读者可能会以为，这家店会有童话故事那样美好的结局，但实际上没有。在商场上，现实是很残酷的。以下是卡罗尔接着说的话："那家店一直没有起色，也几乎让我们破产。一年后，我们不得不关门大吉。但是，那附近的人永远忘不了我们，而我也忘不了格林做过的事。"

在现实的世界里，服务不见得能增加我们的收入，获得升职，提高股价，或是挽救店铺，但仍然有可能带来转机。

服务，就是该这么做才对。

> 服务可以帮助他人成功，提高组织、产品、个人的附加价值，累积其无形资产。

读后感

优势实践原则五
——信任

Advantage Principle Five · **Trust**

19

服务的遗赠

QBQ

1975 年 5 月 20 日，当时我 16 岁，父亲突然来到我下课后打工的加油站，这让我非常意外。他开着小货车，哥哥也在车上，他们两个人看起来都不太妙。爸爸的脸色暗红，哥哥则脸色惨白。我永远忘不了那种对比。爸爸说："儿子，请你上车，跟我们一起回家。"我告诉他，我会跟着回去，因为我自己是开车来的。

他坚持说："不必了，上车，和我们一起回家。"

我问："可是，爸，为什么？"我不明白，却也感觉到一定是发生了什么严重的大事。于是，我小心翼翼地问："发生什么事了？"

"你母亲刚刚过世！"

我无法相信，也不愿意相信。我试图否认刚才听到了什么，虽然明知毫无用处，但我还是有气无力地说："爸，您是说外婆死了，对不对？"我外婆当时八十几岁了。

"不，"他轻声说："大约一小时以前，你妈妈过世了。"

我母亲当时才 51 岁，因为脑出血而猝死。在很短的时间内，毫无预警，而我们的生活就永远改变了。经过这么多年，我们仍然思念她。

我母亲逝世一星期后，是我 17 岁生日。在我们家里，妈妈总是会设法营造出生日的快乐气氛。那个星期发生了这样天大的事，不知道还有谁会记得我的生日，连我自己都差点忘了。那天早上，我在请假之后第一天回学校上课，正要离开家里的农场的时候，我父亲正在车道另一头挖个大洞准备种树。我停下车和爸爸说了几句话，但我们两个都没提到生日这件事。我开车出门，感觉寂寞无比。

早上 10 点钟左右，我听到学校的广播："约翰·米勒，请到校长室来一下。"我来到校长室的时候，看见校长的写字台上有个长方形的白色信封。信封上有我父亲一向喜欢用的黑色富雷墨水笔的字迹，写着我的名字。我知道那是什么——生日卡片。我拆开信封，卡片上写着："亲爱的约翰，17 岁生日快乐。我爱你，儿子。我们会渡过这个难关的！"最后署名"爸"，卡片里还夹着一张 20 美元的纸钞。我知道他当时手头很紧，其实根本没有闲钱给我。

我很难想象他当时的心情：突然失去了陪伴他超过 25 年的最要好的朋友。然而，尽管他脑海里和心头上有那么多事情要思考，他竟然还愿意放下农场的工作，换好衣服，开十来千米的车去买生日卡片，写上他的祝福，再开将近 5 千米的车到学校，将他的惊喜送给我——这一切只为了证明他爱我。

他不是个完美的人，但许多年前的那一天，他做了一件完美的事。当然，那 20 美元早就花掉了，但他为我创造的记忆永远留了下来。

2002 年 4 月，我爸爸米勒牧师逝世，享年 80 岁。他的丧礼在他讲道多年的教堂内举行，现场挤满了来悼念的人，大家只能站着。丧礼结束之后，凯伦、孩子们和我多留了 3 小时，教堂里的教友、以前受教的一个摔跤选手（他也在康奈尔大学当了 26 年的摔跤教练）、邻居和朋友，讲了一件又一件我父亲为他们做过的事。

"我的车坏了，他在凌晨 2 点过来接我。"

"我当时身无分文，他给我 50 块钱买食物。"

"当时天快下雨了，他帮我把干草搬进来。"

"每天下午，他都在疗养院，弹钢琴给我们的病患听。"

这时候，我才了解到，爸爸曾经为许多人服务过，大家永远记得他，也怀念他。

我们每个人都能做到同样的事。宾氏的客服代表克里斯蒂、我的业务经理吉姆、咖啡馆老板格林，还有一位名叫吉米的父亲，因为他们做了原本不必做的事，却因此改善了周围人的生活。

我们要以他们为榜样。只要问这个 QBQ：“我该如何为他人提供更多的服务？”我们就能发挥个人责任的力量，并且累积留给后人的无形财富。

我该如何为他人提供更多的服务？

20

QBQ信任：关键在我自己

QBQ

信任为我们的人生提供了非常强大的优势，它是我们达成良好信任关系的基础，无论是在工作上还是在个人生活中，这都是顺利成功的关键。有了信任，我们就更能敞开心胸沟通，效果也会更好；我们会更有创意，更能齐心协力；我们的团队会更强大，更有生产力；我们的家人也会更加快乐。对于自己所做的每件事，我们都会找到更多满足感。

问坏问题的时候，我们不能建立信任：

- “你为什么不和我多谈谈？”
- “我的孩子什么时候才会听我的话？”

- “我的员工（部属）为什么不肯坦诚沟通？”
- “谁该为这件事负责？”
- “他们什么时候才会说清楚到底是怎么一回事？”

问 QBQ 的时候，我们可以建立信任：

- “我该如何真正了解你？”
- “我该做什么才可以更了解孩子？”
- “我该如何建立员工（部属）对我的信心？”
- “我该做些什么来带动我们的团队？”
- “我该如何更清楚地了解状况？”

建立信任的方法有很多，但我们必须先相信，建立信任首先要从我们自身做起——我们个人要负起这样的责任。信任会从我们个人的行为开始累积，我们每个人都有责任，与周围的所有人建立信任。

领导者应该留意的警示信息

“在你的组织里，大家彼此之间的信任程度如何？”每次我向一个团体问这个问题的时候，大多数人只是发出哼声。这种不满的低哼声音，已经说出了答案：“不怎么样。”对于任何领导者而言，这应该都是个警示信息。除此之外，还有另外两个警示信息必须注意，就是沉默和讥讽。

沉默，就是不明确说出担心或异议，不提供任何建议和想法，或者不坦诚地直言。每个人都有自己不愿意讲出来的理由。但如果你发现自己在纳闷“为什么人们不肯说出意见来？”那么你可能就必须转移你的焦点，问问你是不是已经建立了某种文化，让他们感觉可以自由坦诚地发表言论。

有一次，我到一家因为市场情况不佳而元气大伤的公司演讲，之后，我收到了以下这封电子邮件。

> 在我们公司，如果你提议了什么不太恰当的事，大家很快就会指责你在挑刺，在找麻烦，不合群。我已经被上司找去谈了两次话，其结果是要求我别再质疑公司所做的任何事，因为我们是一个团队，大家还要“一起工作”。

像以上邮件中列举的这样的环境，造成很少有人愿意讲话，也是必然的。不同的声音少了，公司表面上看是风平浪静，但由此也将付出极大的代价，例如：生产力下降、错过商机、士气低落、人员流动率高等，不胜枚举。

比起沉默不语，冷嘲热讽可能更糟糕。讽刺和怀疑的态度并不一样，抱怀疑态度的时候，我们会怀疑某件事的真实性，或是某个概念的可行性。这样的态度对事不对人，有时甚至可能颇有益处。然而，讥讽则是对人不对事，这对很多公司都会造成极大的伤害。这时候，我们往往会质疑某个人的企图、诚意及善意。以下是同一封电子邮件的下半部文字：

同样可笑的是，管理部门竟然会请您来演讲，和我们谈个人责任。但愿您看清楚我们的“团队”还剩下什么，公司人员编制缩减了四成，但几乎每个副总都还留在原来的位置上！经过这一切，您认为我们可能信任并且尊重管理层吗？

答案是肯定的，该公司这样的状况，是很难让人们建立信任的。要避免这样的状况出现，要解决这样的问题，其实最佳的策略就是从现在开始，从上到下，立刻开始努力，大家都问问 QBQ：“我今天能做些什么来建立信任？”然后立刻着手去做。

请注意最重要的一点——我们不能等待别人来建立信任，信任要靠我们自己来建立。

信任是从“我”做起的

21

建立信任的方法

QBQ

建立信任的方法有很多，我们现在来探讨其中几个最好的方法。

说实话

雪莉很可能成为我们的客户，我想问她一个问题，但我怕这话听起来太刺耳。我犹豫了很久，终于说："我想问你一件事，但我不晓得要怎么开口。"

她的回答非常明智："为什么不按照你想的那样，直接说出来？"

讲出来就是了，说实话就好。多么了不起的想法！

诚实是建立信任强而有力的工具。这就是说："我尊重你，你有权利知道。”同时，愿意讲出来（以及听进去），其实也清楚地表现了你的自信。

大多数人从小就被教导要说实话，但我们真的就会说实话吗？在一个培训课程中，业务副总裁和 6 名区域业务经理正在谈论他们的市场销售下滑的情况。他们得到了一些关于他们所处行业正在面临变动的宏观方面的不利消息，他们需要向身处一线的业务员传达。突然间，就像丑闻缠身的政客一样，有个人说：“对于这个问题，我们能编造出个什么样的情节，好让业务员愿意相信呢？”

我们讲话经常使用暗语、隐晦词，拐弯抹角地说明一些事情。如此避免说实话，只是为了表示礼貌或是保持形象。也许我们害怕冲突，也许我们受不了当“坏人”。我们声称，不直率坦白是为了保护别人。但其实我们是在试图保护自己，避免说实话的痛苦。举几个例子。

- 某个经理告诉员工：“没有轮到你加薪，因为你的工作年限还不够。”他不是坦率地告诉员工，你在哪些关键能力方面需要加强。
- 教练告诉球员：“你们打得很好，裁判太差劲了，有很多的错判。”他不是说别的球队就是表现得比你们好。

- 父母告诉孩子："老师对你不公平。"而不是直接指出孩子读书习惯不佳。

无论动机是什么，重新编造原本要表达的信息，对于建立信任有严重的杀伤力，同时由于传达了不真实的信息，对方也不能立刻认识到自己的问题并加以改正，其实也是对对方的不负责任。说实话，即使会刺伤人，有的话不中听，但说实话仍然是建立信任最好的方法。也只有说实话，才能建立信任。

找对人说话

你知道"三角关系"是什么吗？即使没听过这个词，你一定也看过这种行为。这就是甲对乙不满，但他没有直接找乙说，而是向丙说乙的事。然后，有时候，丙会告诉乙，甲说了些什么。知道三角关系是什么了吧？

发泄是另外一回事。有时候，对第三者"倒苦水"，会是缓解最初挫折感的最佳方法。此外，有一部分感觉可能是我们自己个人的问题，因此可能根本不需要直接让对方知道。但三角关系是完全不同的一回事，而且可能造成真正的问题。即使表面上看起来没有直接发生冲突，但事实上三角关系不但耗费时间和精力、解决不了问题、导致心灵受伤的感觉，还会造成严重的不信任。你会比较信任谁——是在背后讲你的人，还是直接来找你谈的人？

如果你与某人发生了问题，那么找谁谈话最好呢？直接找当事人谈，而不应找其他人。

当然，你也要拿出 QBQ 尊重与谦和的精神，也许需要用一点圆滑的技巧，可以兼顾诚实，对方也比较能够接受。这可能会比较困难，但这么做有效多了，而且这也是建立信任的绝佳方式。

指导

瓦莱丽在一家非营利组织工作，她说："我刚开始成为管理人员的时候，我一度被极为恼怒的情绪所缠绕，而且感到非常的沮丧。我常常会问很多问题，如：'我们为什么不能找一些可靠而又忠诚的员工？''我的伙伴什么时候才会对我敞开心胸？'及'他们为什么好像一点也不在乎这些事？'等。但是，经过 QBQ 的教练课程之后，我才明白自己的心态有多么偏差。我并没有好好指导或协助我的部属，而是责备和发牢骚，这只会逐渐破坏我和他们之间的关系。我的方式会损害团队，也会阻碍每个人发挥自己的潜力。"

"现在，我会问 QBQ，像是：'我能做什么来指导我的部属提高能力？''我该如何成为更有影响力的指导者？’及‘我可以做什么来协助他们成功？’由此也带来了目前的成效：前所未有的开放坦诚，大家更能同心协力。我似乎已经获得了他们的信任，团队运作也更为顺畅。终于，我感觉好像做到了我应该做的事：改变现状！”

指导是建立信任的极佳方法。倾听别人的目标与梦想，并且与他们分享自己的知识与经验，协助他们达成愿望，这就好像在说：“我希望你成功，我协助你成功，我相信你。”

无论是担任少年棒球队的教练、教朋友一些简单好用的生活秘诀、帮助孩子完成家庭作业，还是领导你管理的团队迈向新的高峰，指导都能建立长久的信任关系。

充分授权

那是一场大赛的关键时刻，输赢非常重要。球正朝着你这边飞过来……你望向球队教练，高声叫着：“教练！教练！我该怎么办？”

很荒谬的画面，不是吗？这实在不应该发生。大家都知道，球场上的球员在那一刻需要自己做决定。遗憾的是，我们难以获得充分的授权。以下是另一个情景。

上级指派你规划与主持一场主管工作会议。你投入很多时间，找了好几个人协调，也期望好好执行这个计划。不料没多久，你的主管表示他不喜欢你的计划，并且告诉你，他现在会自己来主持这场会议。

你可以想象以上这种情景吗？应该可以，因为这种情景天天都在上演。这就像在玩溜溜球，托付给某个人的任务，不料后来又被收回去。另外，就是在下达一个任务之后，不断要求确认执行方式是否“恰当”（其实就是要确认是否按他的方式在工作），不断对被下达任务者实行“盯人战术”。后一种情况同样糟糕。这两种做事的方式都是信任的杀手。

真正得到授权的人，不需要先向主管报告再采取行动。主管千万不要说：“带着三个选择方案回来找我，我们再一起做决定。”要大胆地让他们决定和行动。这样虽然会有风险，但也会有更大的收获，例如：更加负责，积极主动，发挥创意等。

充分授权是建立信任的好方法。当我们授权给别人去做决定和行动的时候——甚至要让他们有犯错和失败的机会，我们已经将一个信息直接传送到了他们心里：“我知道你做得到，我对你信心十足。”

不要提出有损于信任的坏问题，像是：“你什么时候才会把事情做对？”“难道我什么事都要自己来？”让我们利用 QBQ 建立彼此的信任，像是："我如何才能放手让他们去做事？"

支持别人的梦想

我年轻时的记忆，都跟摔跤运动有关。我父亲是一流的摔跤运动员，还是常春藤名校的教练，所以从小我自然而然地要练摔跤。父亲和我都梦想能将这个传统延续到下一代。但等到我长大成人，结了婚，有了 6 个女儿后，她们中没有一个有摔跤的天分！

我们的独子出生的时候，我简直欣喜若狂，想要帮他取名叫"希望"，不过，凯伦觉得"麦克"是比较好的选择，我有把握说，麦克自己大概也有同样的感觉。

麦克 8 岁的时候，我第一次带他去练习摔跤。没多久，我就明白："希望"没有了！那天晚上，我们回到家之后，凯伦问："麦克，好玩吗？"

他立刻皱起鼻子，说："妈，您知道吗，那些男生浑身臭汗！"

到此为止，完了，他再也不曾踏上摔跤垫。

我承认，尽管还不算太深，但一开始我的确很失望。但就算我真的失望透顶，这也不会变成我们父子之间的问题，因为我已经向我儿子做出这项承诺：我永远不会强迫他选择任何一条路，一切由他自己决定。

支持别人的梦想，说明我们尊重他们，也关心他们。这是建立信任强有力的工具。尤其是比起对于信任有杀伤力的言论，像是："你真的认为你可以靠那个职业来维持生计吗？""你为什么会想进那所学校？那可不是我以前念的学校！"还有"你什么时候才会听我们的话？"尽管做起来不容易，但我还是让麦克做他自己想要做的，追求他自己的梦想，我知道我们之间的信任关系正在建立起来，而且经得起时间的考验。

顺便提一下，我们唯一的儿子喜欢做什么？表演艺术，像是：吉他、钢琴、作曲、舞台剧，还有舞蹈。是的，舞蹈。他让我最感到骄傲的一刻，是在一次舞蹈比赛上，看他踩着轻快的舞步、踮起脚尖旋转，在台上跳跃。参加比赛的有 173 个女生，只有 2 个男生，而他是其中一个！麦克真的很有天分，如果他肯下功夫，我毫不怀疑他一定能出类拔萃。

让我们每个人都能努力建立信任，请多学习发出这样的信息："无论你选择哪一条路，我都知道你可以成功！"及"我尊重也欣赏你现在这个样子。"

表现你的关怀

在建立信任的方法中，最有效的方法之一，就是将自己的关怀与赞赏展现给别人看，让他人看到我们打从心里为他们做最好的评价。大多数人通常不会将这个有效的方法和业务员联想在一起，但简可不是一个普通的业务员。

话说很久以前，电脑和因特网还没有出现的时候，简挨家挨户推销百科全书。有一天下午，她去拜访一对即将生下第二个小孩的夫妻。他们客气地请她进了他们小小的屋子，她注意到，虽然室内收拾得干净整齐，但盖在家具上的布套掩藏不住磨损的痕迹。电视机放在装橘子的木箱上，窗帘则是旧床单改裁的。

在谈话当中，年轻夫妻提出了几个问题，表示他们真的有兴趣买书。简是个很有天分的业务员，当然会尽力表现，生动又清楚地介绍产品。结束拜访时，这对夫妻签下了一套豪华版百科全书，另附有地图集、年鉴，以及一个两层书架来安放他们的投资。

简兴奋极了！这笔生意一定会让老板和同事对她刮目相看，因为她将会“破记录”。她会是第一个在这个区签下订单的人。第一名，多么美妙的感觉和诱惑！

她回到车上，开始填写相关文件。她看着表格上的文字，在方格里打钩，在“子女数”空格里填上了“一”。她大声说：“很快就有两个了！”然后，她停下笔，抬起头来。简开始考虑这个小家庭，考虑他们真正的需要。做成一笔生意那种美妙的感觉开始消失。她盯着他们的支票，也想到要成为第一名的业务员。但是，她知道自己必须怎么做。她深深叹了一口气，把支票撕成两半，把合约折好，放进一个大信封，然后在信封背面写了几句话。她把这包东西放进年轻夫妻的信箱，然后驾车离开。她是这么写的："谢谢两位对我的产品有兴趣，但我想到了新生婴儿和你们目前的处境，或许你们可以暂缓订购这套产品。如果你们仍然想要购买，请打电话给我。或者，如果我过几年还在卖百科全书的话，我会回来帮你们下订单。"

后来，简一直没有回去。在做业务员工作的同时，她完成了医学院的课程，成为"简医生"。但我相信，假使她真的回去，她将会拥有他们完全的信任。当然她也会得到我的信任。

表现出我们的关怀，是建立信任的基本条件。我们在以上讨论到的每种建立信任的方法，都能送出关怀的信息：说实话、指导、充分授权，以及支持人们的梦想，说的都是："我尊重你，也关心你。"而且在展现我们重视别人，由衷希望他们成功的心态。

让建立信任的方法转化为行动吧，这将会协助我们建立良好的信任关系，而我们每个人都有责任这么做。当我们为自己的行动负责的时候，当我们实践个人责任的时候，当我们持续不断投入时间培养信任的时候，信任将会与日俱增，你信任别人的时候，也同时获得了别人的信任，由此，我们的工作环境将会得到改善，我们的生活也会变得更加快乐丰富。

读后感

不断践行优势实践原则

Living The Advantage Principle

22

信任需要时间

QBQ

我和妻子凯伦养育了7个小孩，排在前头的4个（克里斯蒂、塔拉、麦克、莫莉）是我们亲生的，后头3个小的（夏沙琳、杰西、塔莎）是收养的。她们是三姊妹，被有毒瘾的父母遗弃之后，通过领养关怀中心来到了我们家。成为我们家庭一分子的时候，她们最大的还不到6岁。

我们新认养的女儿搬进来之后没多久，有一天，凯伦正在花园忙着，她们在附近玩耍。凯伦不知道，其中一个女儿已经闯到了草地范围外的“禁区”。它之所以成为禁区，是因为那里长满一种叫作羊头草的杂草，这种草长着非常尖锐、硬得像钉的刺，从地面笔直伸上来。5岁大的女孩误闯进去，绊了一跤，整个人往前摔倒，掌心朝下压在羊头草上，简直痛得无法形容！但是，她的反应并不像你想象的那样，哭着跑去找爸爸或妈妈。接下来的半小时，她一个人到处乱走，眼里充满泪水，自己忍受着痛苦。终于，凯伦发现了她，简直不敢相信自己眼前见到的情形：二十几根尖刺插进了她幼嫩的小手。当时的情景简直令人心碎！

我们向一名儿童心理医生说起了这件事，我们问："事情发生的时候，她为什么没有来找我们其中一个？"

心理医生说了实话："她不信任你们。"

我们第一个想法是，怎么可能？我们给了她一个家、安全感、食物、玩具，最重要的还有爱！但事实是，在她年幼的生命中，她已经学到，她无法预期权威形象——"大人"会有什么反应。可能会吼叫、生气，责怪自己闯入了"禁区"，还是会说出其他难听的话。所以她学会封闭自己。她需要一段时间，而且是很长的时间，她才会信任成人，信任这个新的环境。

羊头草事件已经是几年前的事了，小女孩们在这段时间改变了很多。如今她们更愿意打开心扉，更愉快，也更能信任他人。我们在她们身上看到了成长，这并不是证明凯伦和我的努力，而是证明了建立信任需要时间，没有捷径。即使"对的"事我们都做了，信任仍然不可能在一朝一夕之间建立起来。

22 信任需要时间

我们从养女身上也学到很多关于信任的事。其一，信任是脆弱的，只要一次伤害或失望，就有可能在瞬间破坏长期建立起来的信任。想要重建已经破坏的信任，将是无比困难的工作。

其二，信任是一种心态——一种伴随可期待、可预测而产生的信念。当我们说“我信任你”的时候，其实是在说：“根据你过去的行为，我预料你会采取对我最好的行动，你不会伤害我，或是让我失望。”如果在组织里，或许就可以理解成：“我对你有信心，你会把这个项目做得很好。我可以信赖你，我可以放心把工作交给你。”

信任关系带来的收获，可能远远超过我们在本书中讨论过的任何事物，而且这些不是轻易或快速就能获得的。所以，要有耐心，要能持之以恒。而且，最重要的是要有心理准备：建立信任必须投入时间。

> 信任不可能在一夕之间建立起来，
> 信任，没有捷径，
> 信任，需要时间。

读后感

23

像拉里一样乐在其中

QBQ

在本书中我们谈道：问 QBQ 就像打开生命潜力的开关，能够释放出个人责任的力量，通过学习、负责、创意、服务及信任这五项实践原则，获得人生的优势。我们分享了许多活用这些优势实践原则的例子，也说明了这些 QBQ 的原则，如何为我们做的每件事带来强大的优势。

这里还有一个故事，是经常出差的汤姆告诉我们的。他的故事充分说明了打开 QBQ 开关的价值。

我在新墨西哥州的阿布奎基市，准备乘坐晚上 10 点钟经由凤凰城中转的班机回图森市。但由于气候问题，班机延误了，直到凌晨 2 点我们才被通知可以登机，我的心情坏极了。但就在这个令人沮丧的时候，我遇到了一位让我的情绪大大改观的机场航警。他叫拉里，我认为无论是哪里的机场航警都应该向他学习。

当时，拉里正在指挥旅客排队，通过行李X光与安全检查。这本来没什么稀奇，但让人惊讶的是他热情看待自己工作的方式。他并不只是机械地指挥旅客排到第一行或第二行队列，而是向三十几名疲惫不堪的旅客愉快地自我介绍："大家晚安，我叫拉里。今晚由我协助各位通过安全检查。我想，大家可能不知道吧，今天刚好是我的生日！"

嗯，我感受到了他的热情，忍不住大声响应："拉里，生日快乐！"他咯咯地笑着说："哈哈！今天其实不是我的生日，我只是喜欢受到大家格外的关注。"然后，他就像高级餐厅的带位服务生那样，问队伍里的旅客："请问有几位是头等舱的？"

我们回答："三位。"

他又问："吸烟区还是非吸烟区？"

这时候，工作人员另开了一个办理窗口。他一面挥手请几名旅客过去，一面学着《海底总动员》电影里的情节，唱着："继续游呀，继续游，继续往前游！"大家都被他逗得哈哈大笑！看到拉里的热情与幽默感染了现场疲惫的旅客，我不禁打从心里佩服他。然后，他又对我身后的一批旅客说："嗨，大家好！我是拉里！"这群人也热情地齐声响应："拉里，你好！"随着他们走向安全检查门，他又兴高采烈地向旅客讲解注意事项。我继续走向闸门，听着拉里的声音渐行渐远，我的心情，在他的感染下，变得开朗起来了。

而就在附近执勤的其他航警，他们与旅客间隔着一段距离，面带着微笑，也在尽职尽责地工作，但没有给我留下什么印象。尽管他们也希望能像拉里那样乐在其中，却不知道该怎么做。

说来真是遗憾，阻碍着我们，让我们不能像拉里那样乐在工作的唯一因素，竟然就是“自己”。

这个故事是将个人责任化为行动的精彩范例。不要问坏问题，像是：“这些人什么时候才会按规定排队？”“为什么我不能有更高的薪水？”及“是谁陷害我，让我在这个糟糕的时段值班？”拉里以他的热情表现出了个人责任，因为他问的是 QBQ，像是：“此时此刻，我该如何服务这些旅客？”及“我要如何展现我对工作的热情？”他做的选择是在那天晚上开心快乐地工作，而他的决定也为许多人带来了愉快的心情。

拉里的例子证明了优势实践原则的力量。他运用创意，让身旁的人感受到愉快，表示他为自己的工作态度与职务负责。他提供了显然发自内心的良好服务，建立了他和旅客之间的信任。我敢打赌，他一定致力于终身学习。

像拉里这样的人，很少会自认为学得已经够多了，他们总是在不断地自我提升。

对优势实践原则的践行，让拉里在同事中显得出类拔萃，而且大家都看得到他的优势。虽然我们不知道这会不会为他的业绩考核带来“优等”（就像我们在第 1 章提到的比尔），或是让他升职，但也不难想象，对人生表现出这种活力与热情，将会给他个人带来哪些优势。

对任何人来说，像拉里一样乐在其中，都是值得努力的目标。

最后，这个故事提醒我们采取行动的重要性。本书中，我们一再看到个人责任如何带给我们优势，让我们人生的几乎每个领域都受益无穷。但是，没有努力，这些变化都不可能发生。

电力不会像魔法一样无中生有，点亮我们的家庭与公司；同样地，个人责任也不会像魔法一样出现在我们的人生里。这都要靠我们自己去努力，去行动。我们每个人都必须挖掘沟渠，埋设管线，安装电器设备，而且最后还要打开开关。

我们对本书的学习已接近尾声，还剩下最后一个问题——最后一个 QBQ，提供给读者自己思考：

今天我能够采取什么明确的行动，在我的人生当中释放个人责任的力量？

请问问自己这个问题，打开开关，亲身体验一下 QBQ 优势实践原则将会带来什么样的影响！

运用 QBQ 并且实践个人责任的人，比起不这么做的人更有机会成功！

读后感

附　录

将优势实践原则付诸行动

——29 个值得讨论的 QBQ 问题

Appendix　Putting the Advantage Principles into Action

下列问题与练习可以自己一个人做，也可以用来组织团体讨论。这项设计是针对我们在本书中探讨过的内容，鼓励读者进一步思考，并且协助读者将对优势实践原则的了解转化为实际的行动。

个人责任与 QBQ！

第 2 章

1. 对你而言，个人责任的意义是什么？
2. 目前，你在生活中扮演哪些领导角色？
3. 构成 QBQ！的三个指导原则是什么？
4. 列出你曾经问过的五个负面的问题，然后将它们转换成以 QBQ！思维指导的正面问题。

学习的优势实践原则

第 3 章~第 5 章

1. 在学习的五个障碍中，哪一个是你最大的障碍？而它又对你造成哪些困扰？
2. 你是否曾经因为排斥的心理而没有听从别人的意见？从这些意见中，你有可能学习到什么？
3. 你认为自己理应得到什么？这对你的人生有什么影响？
4. 有哪些教训是你一直尝试与他人分享，但其实可能更适用在你自己身上的？

5. 在萝苹的故事中，我们发现学习等于改变。你自己现在将做哪些改变？可能有什么收获？

负责的优势实践原则

第6章~第12章

1. 找出你人生中的一个困境难题。问自己：哪一些负面问题妨碍了你为这个状况负起责任？反过来你可以问：哪些QBQ正面问题能帮助你负起责任？
2. 再读一次第7章“指责的游戏”，你在哪些方面指责过别人？这对你有什么影响？
3. 参看第7章，“都是他人的错”的心态会对你和你的组织造成什么损失？
4. 在第11章中，我们谈到对于工作上的人身安全“负起责任”的重要性。这种“负起责任”的态度，会为你人生中的哪些方面带来好处？
5. 你是否曾经使用过终极借口——“这不是我分内的工作”？既然已经读过关于负起责任的意义，你会如何以不同的方式来处理这种状况？
6. 你是否曾经将负责的原则发挥过度？这为你造成了哪些额外的问题？

创意的优势实践原则

第13章~第14章

1. 你会问什么负面问题妨碍你实现创意？你能问什么 QBQ 正面问题，让创意变成生活中更自然也更常见的一部分？
2. 想想你今天面临的某一个状况是否可以运用创意改善。你有可能采取什么行动，发挥更大的创意？
3. 为了达成你在工作和生活中的目标，你认为自己欠缺什么需要的工具和资源？你可能利用什么方式来达成这些目标？

服务的优势实践原则

第 15 章~第 19 章

1. 你从宾氏公司的克里斯蒂身上学到了什么？你如何可以将学到的原理运用在自己的工作和生活中？
2. 想想你曾经接受过的最差的客户服务，你对这种服务的感觉如何？
3. 你认为咖啡馆老板格林那天早上做的事是对的吗？换成你，你会怎么做？
4. 你是否知道哪些人需要鼓励？你能做些什么来帮助这些人？
5. 通过服务所创造的无形资产为什么是值得我们不懈努力的目标？
6. 你今天能为别人做些什么原本不必做的事？

信任的优势实践原则

第 20 章~第 22 章

1. 关于信任，有什么具体的概念是你觉得最难接受的？为什么？
2. 在你家里或是工作场所，是否有沉默不语或冷嘲热讽的状况存在？你能采取什么步骤来排除这些不信任的警示信息？
3. 你是否曾经在某人执行工作的时候，在旁边严格监控？如果有，你认为这对他们有什么影响？
4. 找出在你生活中目前发生“三角关系”的例子，这造成了什么影响？
5. 想想在你认识的人当中，有谁真正从心底里关怀别人。从这个榜样身上，你可以学到什么关于建立信任的道理？

实践个人责任的方法是：先提炼自己的想法，接着问比较好的问题，然后立刻付诸行动！

感谢篇

虽然我们在 QBQ 公司的同仁不断努力减少指责、抱怨及拖延，但我们也知道，达成这个目标不可能只靠我们自己。我们非常需要你——亲爱的各位读者的参与！我总是惊奇地看到那么多人相信个人责任，也知道只要我们每个人都能实践个人责任，世界就会变得更好。所以，我首先要向各位相信 QBQ 的读者致以衷心的谢意。

此外，我还要特别感谢以下这些人让我的生命更加美好。

大卫·莱文（David Levin），我的写作搭档、好伙伴及指导者，他下定决心要寻求各种方法来协助我帮助别人。没有他，我不可能成功。

巴里·尼维尔（Barry Neville），我的出版经纪人，他比其他人更早察觉到出版界很愿意出版谈“个人责任”这类话题的书籍。他是对的！事实上，他大多时候的敏锐度都是正确的。

普曼（Putnam）出版公司的约翰·达夫（John Duff），他是个性温和的好人，他的信念与友谊让我这个爱好自由的创业型作者进入一个更大的团队。感谢他，我们如今才可能和世界各地的读者有所交流。

简·罗曼（Jane Rohman）与约翰·毕安可（John Bianco）的公关夫妻档，我简直无法评估他们的价值。他们总是努力工作，富有创意地思考，并互相体贴与关怀。这样的组合，当然容易成功。

莫莉·哈玛克（Molly Hamaker)，我们的撰稿专家。在我们创作本书期间，她的指导（还有编辑整理）让我们表现更出色。

吉姆·史达顿（Jim Strutton），他将一个没有工作和教学经验，但活力充沛的 27 岁年轻人带进了教练与开发行业。吉姆是第一个冒险聘用我的人。

我的父亲，有人叫他米勒教练，有人叫他吉米牧师。我们写的每本书似乎都要提到他。虽然我们在 2002 年失去了他（享年 80 岁），但他的影响仍然存在，直到永远。

我了不起的 7 个孩子，克里斯蒂（Kristin）、塔拉（Tara）、麦克（Michael）、莫莉（Molly）、沙琳（Charlene）、

杰西（Jazzy）和塔莎（Tasha），你们让我成为最骄傲的爸爸。谢谢你们去每家书店时都去确认爸爸的书放在了显眼的位置。

还有，最重要的，感谢我在 1980 年结婚的妻子——凯伦（Karen）。在迪斯科盛行的时代，我问她要不要去看电影，当年，我们都还不到 20 岁。那仍然是我这辈子问过的最好的问题，谢谢你说："好啊！"

凯伦，你永远是我最好的朋友。

QBQ 立刻访问 www.QBQ.com

来到 QBQ. com，你可以：

- 探索完整的 QBQ！培训系统。
- 寄送 QBQ！电子卡片给某个你认识的人。
- 下载 QBQ！的“求助按钮”，在最需要的时候提供 QBQ 式的鼓励。
- 购买 QBQ！相关英文书籍。
- 订阅 QBQ！快讯（关于个人责任小故事的免费电子报）。
- 向别人推荐 QBQ 网站，传播关于个人责任的信息。
- 参加本站的个人责任意见调查。
- 询问邀请约翰 · 米勒到场演讲的相关事宜。

QBQ 公司——协助各组织使个人责任成为一项核心价值。

美国科罗拉多州丹佛市

电　　话：1-303-286-9900（国际）

　　　　　800-774-0737（美国国内）

传　　真：1-303-286-9911

电子邮件：staff@QBQ.com

网　　址：www.QBQ.com

成功实践 QBQ 原则，增进了员工责任意识的组织

AC Nielsen AC 尼尔森
American Cancer Society　美国癌症协会
American Express　运通银行
American Gas Association
American General Life and Accident
Apple Gold Group – Applebee's
American Society for Training & Development
Aramark
Arkansas Poultry Association
Association of General Contractors
Astoria Homes
Automotive Service Association
Automotive Youth Educational Systems
Aventis
AXCAN Pharmaceutical Bank of America　美洲银行
Bankers Life Insurance
Banta Direct Marketing
Baptist Hospitals
BASF
Bausch & Laumb
Bayer Corp.　拜尔公司
BB&T Bank
Beazer Homes/Mortgage
Bell Canada
Ben Venue Labs
Berlex Labs
Best Buy
Blue Cross of MN
Blockbuster　百视达
Boeing Company　波音公司
Brigham Young University
Brighton, CO public schools
Bristol Meyer Squibb
Carter Burgess
Cbord
Cellular One
Cherry Creek Mortgage
Chik-fil-A
Ciba-Vision
Cigna Healthcare
Cingular Wireless
CitiMortgage　花旗抵押
City Union Mission/Kansas City
Clearchannel　明晰频道（全球最大的广播及户外媒体公司）
Clemson University　克莱姆森大学
Coca-Cola　可口可乐公司
Coldwell Banker Realty
College of North Atlantic – Canada
Country Financial/Insurance
Country Inns and Suites Daimler Chrysler
Dare2Share.org
Dave Ramsey.com
Dell Computer　戴尔计算机公司

DCH Health System of Alabama
Department of Defense - U.S. Government 美国国防部
Delaware Investments
Delmonte Animal Health
Drury Hotels
Dura Automotive Systems
Eagle Communications
Echostar
Ethicon/Johnson & Johnson
Eli Lilly
Elpaso Public Schools
EquiFirst Mortgage
Express Personnel
Fannie Mae
Farmers Insurance
Federal Mogul
FedEx 联邦快递
First Charter Bank
First National Bank of AZ
Fleet Bank
Flemming Co's
Ford 福特
Funeral Directors Life Garden City Community College
Gates McDonald
Gear for Sports
GE Commercial Finance 通用电气商业金融房地产公司
General Motors 通用汽车
Georgia Pacific
Georgia Power
Glaxo Smith Kline
Great Clips
GSK Corp. 葛兰素史克
Guidant Corp.
Gulf States Paper Corp. Herman Miller
Hewitt Associates 翰威特咨询
Homebanc Mortgage
Home Depot 家得宝
Horizon Fitness
Horizon Learning Centers
Holiday Builders
Holly Hunt Lmtd.
HSBC Bank 汇丰银行
Huntington Nat'l Bank Imation
Independence Blue Cross of PA
ING 安泰人寿
International Homebuilders Association
InterPrint
Intero Real Estate
I.R.S. 美国国税局
ITW Paslode
Jazzercise
J.C. Penney
Jefferson County Public Schools of CO
Jefferson Pilot Insurance
Jones Lang LaSalle
Kaiser Permanente

成功实践 QBQ 原则，增进了员工责任意识的组织

Kansas City Community College
Kaplan Learning
Kentucky State Lottery
Key Energy
Kforce Staffing
KIA Motors　起亚汽车
Kraft Foods
Manpower　万宝盛华
Maple Leaf Bakery
Marathon Ashland Petroleum 马拉松阿希兰石油
Marchon Eyewear
Mark7, Inc.
Marriott Hotels　万豪国际酒店集团
Mary Free Bed Hospital of MI
Mass Mutual
MasterCard　万事达卡
Masterfoods USA (Mars) 美国玛氏食品分公司
Maytag　美泰克（美国家电巨头）
McGraw Hill　麦格劳希尔
MC Sports
Mead Johnson Nutritionals
Medtronic　美敦力
Memphis Light & Gas
Merck Pharmaceutical　默克制药
Ministry of Attorney General Canada
Minnesota Mining & Mfg. 3M 公司
Mitsubishi　三菱
Motorola PCS　摩托罗拉个人通信部
Moore's Electrical & Mechanical
Mr. Goodcents
Muskoka Woods
National Association of Geriatric Nurses
National Petroleum Refiners Association 美国石油炼制商协会
Nationwide Financial　全美金融服务公司
Nicor of Illinois
Nokia　诺基亚
Northern Hills Christian Church
Northwest Airlines　美国西北航空公司
Novartis Animal Health
Novartis Pharmaceutical 诺华制药
Novation
Occidental Petroleum　西方石油
Ohio Association of Broadcasters
OfficeMax
Option One Mortgage
Oracle　甲骨文公司
Pfizer　辉瑞
Philip Morris USA
Potlatch Corp.
Praxair　普莱克斯（财富五百强企业）

Presbyterian Hospital of Denver
Principal Mortgage
Procter & Gamble 宝洁
Publix Supermarkets （世界 500 强企业）
Purdue Pharmaceutical
Purina Mills
Pulte Corp.（万科树为标杆的美国地产公司）
Quixtar (Amway) 捷星（安利）
Qwest Communications
Radio Shack of Canada
Raytheon 美国雷神公司
Renaissance Hotel of D.C.
Republic Mortgage
Rochestor, NY public schools
Royal Bank of Canada 加拿大皇家银行
Shaklee
Sherwin Williams
Simplot 辛普劳食品集团
Smith's Food and Drug Centers
Smiths Medical 施曼信医疗有限公司
SunBridge Healthcare
Sunguard Insurance （世界最大的灾害保险服务提供商）
Sprint
St. Leo U. of Tampa
Sun Microsystems 太阳微系统
SuperValu Pharmacies
Swedish Medical Ctr of Denver
Taco Bell 塔可钟
Takeda Pharmaceutical 日本武田药品株式会社
TAP Pharmaceutical
Target Corp. 塔吉特
Tennessee Farmer's Insurance
Tupperware
Tyco Corp. 泰科
United Airlines 联合航空
United Power
United States Army 美国陆军
Upstate Medical Center/NY State
Verizon（美国最大的无线通信服务提供商）
Verizon Wireless（美国无线通信网络巨头）
Washington Mutual 华盛顿共同基金
Weis Builders
Wells Fargo Bank 富国银行
Wells Fargo Home Mortgage
Wendy's Restaurants
Wyeth Labs
Yellow Freight(美国最大的零担货运企业）
中国胜利油田
北京神州天海科技有限公司
VICA 国际商务学院
……

近 500 个组织成功进行了 QBQ！原则的实践。

与其他人一起分享 QBQ

书号：Z25791 定价：25.00 元

帮助企业、组织、家庭，提高个人责任意识

你听到过，或者也问过以下问题吗？

- 谁为这件事负责？
- 他们怎么没有事先沟通好？
- 谁来解决这个问题？
- 他们什么时候才能做好他们分内的事？
- 什么时候我才能找到好的人才？
- 怎么没人培训我，就让我开始工作？
- 这难道是我的错？
- 这是他们的问题吧？

……

如果是的话，本书就适合你学习、实践，从而改进工作、改善生活。

《QBQ!问题背后的问题（团队篇）——成就卓越的组织》

本书并不仅仅是《QBQ! 问题背后的问题》的延续，而是将 QBQ 应用范围扩大到了组织。本书的重点是在帮助组织通过贯彻 QBQ 原则成就卓越组织。作者以自己为成百上千企业提供咨询培训的经验为基础，通过选自卓越组织中真实的故事和案例，描述了卓越组织的特征，阐述了个人责任、组织绩效和企业文化之间的内在关联，提供了一份让组织变得更加卓越的行动路线图，总结出了成就组织卓越的 47 个“QBQ 有效问题”，并以故事的形式，讲述了组织中实践 QBQ 的方法、经验与成果。其中既包括组织中的个人责任意识主题，也包括团队合作、组织发展主题。任何组织、团队，经理、员工，都可以从书中的故事中获得启发，找到获得组织、团队、个人成功的方法和工具。该书内容实用，故事精彩，适合组织各个层级的员工阅读。

《奥兹的智慧：责任意识就是你成功的魔法》

《奥兹的智慧》不仅仅是一本关于个人责任力量的书籍，书中更是道出了任何事情之所以获得成功的源泉。简言之，当释放出个人责任担当的力量时，你的生活方式将会发生巨大的变化。书中探讨的不是虚幻的超级英雄的力量，而是真实、具体的，能帮助你清晰思考、承受逆境、产生自信的能力，并通过加强情感、心理和知识的力量来帮助你做成你想做的事情。

《奥兹的智慧》指出了一条在生活中承担更大责任从而创造出影响力的康庄大道！最终你会感觉到自己更有能力、更有动力、更加强大。

当然，说起来容易，做起来难！为了看到生活中这些原则的作用，本书将分享一些战胜过挑战的人的故事。《奥兹的智慧》将告诉你别人是怎么做到的，以及你该如何去做。

你也会发现，不会有魔术师去挥动魔杖，问题也不会神奇地自动消失，只有在生活中承担起个人责任，你才能体验到你想要的生活。

如果你所在的组织，也通过学习 QBQ 原则，开始在组织内部推动 QBQ 的实践，请来信告诉我们，我们将在今后的实践 QBQ 原则组织名单中加入你所在组织的名字，通过 QBQ 网站向全世界公布，并与其他实践 QBQ 的组织一起，分享实践的经验。

来信请寄：北京市海淀区万寿路 173 信箱

电子工业出版社华信大厦 607 室

sjb@phei.com.cn

反侵权盗版声明

举报电话：（010）88254396；（010）88258888

传　　真：（010）88254397

E-mail：　dbqq@phei.com.cn

通信地址：北京市万寿路 173 信箱

　　　　　电子工业出版社总编办公室

邮　　编：100036